W0338305

HEUREUX LES SIMPLES D'ESPRIT

CARA ZINA

HEUREUX LES SIMPLES D'ESPRIT

(Le ciel leur est acquis)

ROBERT LAFFONT

© Éditions Robert Laffont, S.A., Paris, 2008
ISBN 978-2-221-11004-1

À Virginie, sans qui rien n'aurait été possible.
Pour Emil, sans qui rien n'aurait valu la peine.

« Je me fous d'être jolie...
fait chier d'être une fille. »
(Bams)

C'est marrant comme ça leur fait pousser les couilles aux lascars d'être en bande.

Ils ont à peine de poils au menton, mais dès qu'ils sont plusieurs et qu'ils ont bu deux bières, ils se sentent assez mâles pour taquiner les passantes qui baissent immanquablement les yeux, à peine pubères ils arrivent à faire peur ces cons-là...

J'ai dû traverser la ville de nuit pour rentrer et je me faisais cette remarque, rien n'a changé, toujours apprendre à vivre avec la peur, même à mon âge, je ne suis pourtant plus une gamine, même dans ma ville et je ne vis pas dans le Bronx.

« J'voudrais traîner les rues la nuit sans avoir à raser les murs, pouvoir sourire aux inconnus sans avoir l'air de chercher les coups » : on a écrit ça il y a dix-sept ans avec l'actuelle Despentes, ça n'a pas pris une ride, « *cause dark town is not a lonely girl'place* », toujours.

Je viens de recevoir le dernier livre de la grande, *King Kong théorie*, qui reparle du viol, j'ai repoussé tant que j'ai pu le moment de le lire, ça n'a pas été si difficile.

Non que ce soit vraiment douloureux mais je continue de préférer éviter d'y penser.

Marrant comme on l'a digéré différemment l'une de l'autre, ce viol commun.

Commun à tant de filles qui ne l'ont pas vécu comme nous et chacune à sa manière.

Nous deux, on n'a pas dramatisé, moi je l'aurais peut-être même oublié si elle ne me l'avait rappelé (serait-ce possible ?), je vis tellement dans ma bulle d'une manière générale.

J'ai toujours été adepte de la méthode Coué :

« Non, mon fils n'est pas vraiment handicapé, ne pas pouvoir courir et avoir des couches à sept ans ne l'empêche pas d'être heureux et ça ne me dérange pas de le changer toutes les trois heures ; non ça ne nous rend pas tristes de ne pas avoir de nouvelles de son père, notre vie n'est pas plus difficile, on est bien tous les deux, et le viol ne m'a pas affectée, non, je m'en souviens à peine... »

Et pendant vingt ans la grande m'a offert des livres sur le viol, a écrit et filmé sur le viol, comme une plaie qu'elle gratte pour comprendre d'où vient le mal et que moi je laisse pourrir en faisant semblant de rien, moi qui vais bien, moi qui n'ai pas de problème, moi qui refuse à jamais de faire le lien entre ce que j'ai vécu à dix-sept ans et ce que j'ai subi sans broncher après.

Mais personne ne peut savoir ce qu'on aurait été sans ça, comme personne ne peut savoir si mon fils serait à ce point exceptionnel sans tout ce qui lui est arrivé.

Alors moi non plus je ne regrette rien, puisque cette histoire a sans doute contribué à ce que je suis aujourd'hui.

Je veux bien laisser croire à tous ceux qui m'ont effrayée, insultée, rabaissée, qu'ils m'ont soumise, mais je sais que je suis à ce jour plus solide qu'ils ne le seront jamais, ils ne m'ont pas diminuée, même pas fragilisée, au contraire, je me porte à merveille, je tiens debout. Je veux bien baisser les yeux quand je les croise, au fond, je sais qu'ils ne peuvent plus m'atteindre. Et non pas comme je l'ai entendu dans la bouche de victimes de viol parce qu'« on ne peut pas tuer quelqu'un deux fois », non, tant qu'on respire, on est vivant et il peut toujours nous arriver des bricoles, mais parce que mon identité ne réside pas là où on peut m'atteindre.

Aujourd'hui je m'assume toute seule, je ne dois mon salut qu'à moi-même.

Je rajoute une couche de plomb autour de mon cœur chaque année et, *carpe diem*, je profite de la vie sans me priver, en gâtant mon fils qui semble épanoui et toujours content. Sans rendre de comptes à personne, je suis mon petit bonhomme de chemin, et si je dois faire un détour pour éviter le grand méchant loup je veux bien le faire puisque comme le racisme, la jalousie et l'envie, la domination mâle et grégaire a de beaux jours devant elle, mais finalement je m'en fous.

Si les conventions veulent que j'aie l'air d'une victime je veux bien jouer le jeu, car en fait je suis la grande gagnante, je suis vivante et je suis forte.

« Vaut mieux être un *has been* qu'un *never will be.* »

(Rico Maldoror)

J'ai un problème avec le mensonge, ou avec la vérité plutôt.

Pourtant, j'ai été bien élevée, dans un confortable foyer de Français moyens cultivés et socialistes, mais mes parents ont semble-t-il failli dans leur enseignement du bien et du mal. Malgré les quelques cours de catéchisme inculqués par la voisine, la frontière a toujours été floue.

J'avais plus jeune un problème avec le vol, que je mettais sur le compte d'un refus de la notion de propriété par penchant anarchiste, mais ça s'est résolu par couardise, j'ai estimé, vu les ennuis que ça me rapportait, que le jeu n'en valait pas la chandelle. Tandis que comme menteuse, sans avoir entrepris de carrière d'escroque internationale, on peut dire que j'excelle. Je vis dans un monde imaginaire.

Je m'accroche à mes mensonges avec une telle pugnacité que ça virerait à la schizophrénie si je n'y prenais garde. Ah çà, vous pouvez me confier un secret, je serai une tombe, vous pouvez vous faire serrer avec moi, pas de danger que je lâche le morceau en garde à vue, c'est mon travers, mon don, mon grand kiff.

Parfois c'est pour ne pas blesser les gens que je mens, parce que je suis assez gentille et que j'abhorre le conflit. J'ai dû prendre cette habitude avec le père de mon fils qui pouvait changer d'humeur si brusquement et si radicalement que je réinventais la fin d'une histoire à peine une lueur apparue dans ses yeux.

En général je rate le résultat visé car les gens détestent se rendre compte qu'on leur a menti et, d'une intention bienveillante, je glisse vers la rupture. On m'accuse de trahison alors que j'ai voulu être « précautionneuse », on accorde beaucoup trop d'importance à mon goût à la notion de vérité.

Par exemple on m'invite à une soirée à laquelle je n'ai pas envie d'aller, je ne sais pas dire : « Non, je n'ai pas envie », spontanément je m'invente une excuse en béton pour ne pas pouvoir y assister, j'en fais des caisses genre : « Je me vide de partout, je ne peux pas m'éloigner des toilettes, d'ailleurs je suis en pyjama, démaquillée et les cheveux gras », mensonges dont l'interlocuteur, perfide, se souvient quand il me croise ailleurs le même soir, là où j'avais envie d'aller.

Je sais masquer comme personne quand je reçois en cadeau un chandelier immonde ou un livre que j'ai déjà. Je sais tellement bien avoir l'air comblé qu'après il est difficile de rattraper le coup (quand on me dit : « On pouvait le changer, mais je vois que je suis bien tombé », c'est trop tard, je ne peux pas dire que j'ai fait semblant d'aimer par politesse), je m'enfonce dans le mensonge, je suis obligée d'inventer la raison pour laquelle je ne porte pas la robe que je semblais adorer, ou ce qui est arrivé au vase qui m'avait fait bondir de joie (plus c'est pourri, plus je bondis, oubliant que le mieux est l'ennemi du bien).

D'autres fois je mens pour me sortir de situations compliquées, parce que j'ai du mal à les éviter, mais j'y travaille. J'aimerais ne plus jamais avoir à raconter des conneries au concierge à propos du dysfonctionnement de la porte du parking, quand c'est moi qui ai expliqué à un garçon qui me semblait sympathique comment la forcer pour se garer sans payer.

Parfois c'est parce que je suis obligée, quand j'ai fait quelque chose d'inavouable, et j'ai alors du mal à me souvenir des faits authentiques, à ma complice de graffitis, je maintenais au sortir de ma garde à vue la version que j'avais assénée à la police : « On n'a rien fait, on n'était pas là. » Je l'ai sentie inquiète au sujet de ma santé mentale. Même à celui qui a trompé sa femme avec moi, je pourrais affirmer de manière éhontée que je n'ai jamais couché avec un homme marié.

Heureusement, mes vrais amis me connaissent et m'arrêtent quand je glisse vers la schizophrénie, ils savent ne pas m'acculer au mensonge ou ne pas m'écouter quand je lâche la rampe.

« On se rappellera toute notre vie
de ces quelques années, elles ont vraiment
passé si vite qu'on n'a rien vu passer. »
(La Souris Déglinguée)

J'avais sympathisé avec la grande en colo, je la connaissais de vue pour avoir été dans l'un des nombreux lycées qu'elle ait brièvement fréquentés, elle était repérable avec son mètre quatre-vingts, son pétard orange et sa queue-de-pie. Moi, je me tenais bien tranquille en section artistique, j'avais les cheveux bouclés et des vestes en satin fleuries. Cet été-là, je visitais l'Italie avec mes parents, une copine à moi travaillait dans une colo près du lac de Garde et je devais passer la voir, et puis une aide vaisselle s'est cassé la jambe alors je l'ai remplacée, j'étais contente de rester.

Je ne savais pas qu'arrivée en BM je repartirais en stop.

Quand elle était petite, la grande n'était pas encore Virginie Despentes, mais c'était déjà quelqu'un, une forte tête, à la voix grave et railleuse et à la carrure rassurante, une énergie encore en friche qui ne demandait qu'à sortir et que je ne demandais qu'à suivre.

Elle n'avait pas encore seize ans, était déjà monitrice car son éducateur, qui dirigeait la colo, tentait de la responsabiliser (elle a toujours été en avance, un an plus tard elle allait être émancipée et avoir son appart).

On la disait punk, j'ignorais même le mot, je n'appartenais à aucune mouvance, je ne ressemblais à rien, le moins qu'on puisse dire c'est que je me cherchais (vingt ans plus tard, je n'ai toujours pas pu prendre la carte d'un syndicat ou d'un parti, je ne pourrais pas supporter qu'on parle en mon nom, je ne me sens à l'aise sous aucune bannière, je ne me sens définie par aucune étiquette, je suis toujours décalée).

Je devais avoir l'air un peu perdue, un peu harcelée par son éducateur chaud-bouillant, elle m'a pris sous son aile, comme une grande sœur, déjà virile.

On partait en stop boire des coups au village en oubliant le couvre-feu, on allait se baigner à vélo dans le lac glacé en oubliant nos maillots, on voulait adopter ensemble un gamin de la colo, une graine de racaille d'à peine six ans qu'on retrouvait au rayon érotique du dépôt de presse dès qu'on le quittait des yeux, on attendait juste notre majorité, on n'allait plus se quitter.

J'avais appris les Trotskids, l'Infanterie Sauvage, OTH, Parabellum et surtout les Béruriers Noirs qu'on chantait à tue-tête en pédalant sur les routes de campagne : *À l'âge de douze ans / ils t'ont qualifié / d'enfant délinquant / petit meurtrier / et à quatorze ans / t'étais alcoolique / en camp de redressement /et les coups de trique...*

Notre collaboration m'a vite attiré des ennuis puisque j'ai été renvoyée avant la fin du séjour par le directeur de la colo, vicelard, qui s'est vengé de notre manque d'intérêt pour lui en m'accusant de tripoter les petits garçons, je découvrais la hiérarchie, l'injustice et la rébellion.

J'ai amorcé un virage décisif pendant ces vacances, à la rentrée je me défrisais les cheveux au fer à repasser et je mettais mon savoir-faire pictural au service du graffiti : « Petit agité, tous des Béruriers ! »

Après les galères, les conneries, les flagrants délits, les gardes à vue se sont succédé, mais toujours dans la bonne humeur.

Je suis devenue une « fille à problèmes », du point de vue des parents et des enseignants j'imagine, mais toujours pimpante. Les choristes des Bérus m'inspiraient beaucoup, avec leurs cheveux crêpés en couettes et leurs robes à pois rouges, genre Minnie destroy. J'ai réussi à être punk sans être sombre, nihiliste en restant optimiste, en colère mais jamais triste. J'étais punk dans l'instant, dans le style, pas jusqu'à la moelle. Et, comme je n'avais pas conscience du danger, je prenais tout à la rigolade. Faire des centaines de kilomètres en stop pour voir un concert, balancer des bouteilles sur un vigile pour voler un litre de whisky, dormir dans une entrée d'immeuble sans même une couverture, j'avais toujours l'impression que c'était pour jouer. Quand les skins nous poursuivaient j'avais l'impression d'être dans un western, quand les flics nous embarquaient c'était du polar.

Là où ça cessait d'être drôle c'est quand je me retrouvais toute seule.

Un soir par exemple, lors d'une virée en province, la grande s'était fait prendre dans une rafle, comme il s'en produisait souvent, même avant Sarkozy (en même temps ça devait être sous Pasqua). Parce que sur le territoire français, toute communauté qui se rassemble sur la voie publique court le risque d'être appréhendée (la différence depuis Sarkozy c'est qu'il suffit d'être deux). Là on devait être trop nombreux crêteux et cloutés réunis dans une gare à effrayer le chaland et au lieu de la conventionnelle mise à l'amende, tous alignés contre le mur, en chaussettes sur le quai pour la fouille au corps, on a été séparées par un coup de filet aléatoire, la police n'a pas voulu m'emmener (pourtant je les ai insultés, j'ai lancé des pierres sur leur voiture, c'était vraiment pour être contrariants), j'aurais voulu dire « pouce ! », ça m'amusait plus.

Je me suis assise sur le trottoir sans ma copine et tout à coup il me semblait froid et sale.

Mais il y avait une vraie solidarité dans ce folklore de la zone mondiale et j'ai partagé le duvet d'un grand dadais sympathique surnommé Crass, qui cohabitait pour mon plus grand inconfort avec un rat nommé Rohypnol (il n'était pourtant pas malintentionné) et qui m'a montré au matin le chemin du dépôt où nous avons récupéré nos amis respectifs.

J'étais devenue un peu punk du week-end, au gré des concerts, quand je pouvais m'échapper du cocon familial sous prétexte d'une nuit chez une amie ou d'un voyage scolaire, puis j'ai voulu être punk pour la vie car je suis tombée amoureuse.

J'ai l'image de deux Apaches surgissant dans la nuit, rendant le décor froid et glauque tout à coup romantique.

Dans une ville de province où jouaient les Bérus ce soir-là, dans une énième gare, où on s'installait pour dormir, ils portaient leurs couvertures comme des ponchos d'Indien et leurs crêtes jaune et rouge dépassaient. C'était terriblement séduisant, hyper roots et viril, ils devaient puer la bière et la sueur mais dans mon esprit c'est un souvenir très glamour. L'un d'eux avait le visage anguleux, les traits taillés à la serpe et le teint buriné, l'autre une grande bouche édentée qui se marrait tout le temps.

Pour le plus bravache, ses cheveux moutarde, ses chicots manquants et son accent du Sud-Ouest, j'ai quitté mon foyer et ma région, projetant mon père et ma mère dans l'angoisse que peuvent ressentir des parents aimants quand leur ado s'envole en laissant juste un mot sombre et mystérieux, une lettre débile que m'avait soufflée une copine qui se voulait inspirée. Un truc bateau du genre « j'ai besoin de voler de mes propres ailes », je m'en suis toujours voulu de ne pas l'avoir rédigée moi-même.

J'ai fugué pour habiter dans un squat ouvert aux quatre vents où je me suis fait dépouiller de toutes mes affaires (et rhabiller par le même procédé), pour manger dans un foyer de bonnes sœurs à midi avec les clochards de la ville et devenir leur coqueluche, pour faire la manche tout l'après-midi, et tomber à la nuit d'avoir trop bu à même le sac plastique du Coca mélangé à du mauvais vin rouge (« calimoutcho » !)

Qu'est-ce que des parents peuvent comprendre à ça, je ne comprends pas moi-même l'adolescente que j'étais alors, j'avais envie de me sentir libre, légère, n'avoir plus de notion de temps plus d'espace plus de règle. Je ne me souviens pas d'avoir eu le moindre coup de blues pendant ces errances, ni la faim, ni le froid, ni les flics ne pouvaient me saper le moral. On a rigolé, bu, chanté, hurlé, dansé, baisé et rigolé.

Je ne me lavais pas tous les jours et pourtant je resplendissais. J'avais coupé mes cheveux et les avais teints en vert, je n'avais plus à me soucier de les défriser ni même de les shampouiner, plus personne ne me disait que ma jupe en tulle n'allait pas avec mes collants rayés. Je ne trouvais rien d'extraordinaire à cet Apache qui n'était ni particulièrement beau, ni spécialement brillant, il ne me parlait pas d'amour, il était juste sympa et marrant, on vivait en meute, il faisait partie d'un tout. Je me souviens davantage de la complicité avec la grande que de lui, la journée c'est avec elle que je tapais la manche, on faisait des vagues de filles, toujours plus fructueuses que celles des garçons et on marchait en duo pour le stop. Le soir c'est avec elle que je pogotais comme une furie, mais la nuit c'est lui qui éloignait les lourds, on s'imbriquait dans le même duvet et il me tenait chaud.

Ça devait être moins drôle pour elle mais je ne m'en rendais pas compte, j'ai compris en lisant *Bye bye blondie* que la période rose c'était mon histoire et la période sombre la sienne.

Après que les Apaches eurent repris la route, la grande et moi, on a rejoint les Bérus.

On a arrêté le stop et l'emprunt de voitures grâce à Marsu, le manager, qui a remarqué notre constance et notre entêtement à les suivre et nous a fait monter dans le camion. Puis le Gaulois, qui gérait le service d'ordre du groupe, nous a paternées et a tenté de nous éduquer politiquement.

Je me suis attachée à Helno, le plus punk des Bérus, qui envoyait parfois un coup de Doc Martens dans la tronche d'un fan trop près de la scène, quand le chanteur invitait au respect et au bon esprit zen, et je suivais désormais le camion avec lui et les Endimanchés dans la vieille 403 de leur pote Cripa. Quand je montais à Paris alors, je ne squattais plus, je faisais les quatre cents coups avec eux.

Helno était déjà bien barré, provocateur et trompe-la-mort mais tant qu'il n'avait pas connu la gloire avec Les Négresses Vertes il ne pouvait qu'accéder aux paradis artificiels *self-made*, en sautant la grille d'un parc d'attractions fermé ou en faisant du rodéo sur une vache en colère. Il aurait fait le con plus longtemps s'il s'en était tenu à la bière.

Paix à son âme et à celles des autres punks qui ont été au bout de l'aventure.

Y en a qui sont tombés pour des méfaits plus ou moins honorables, d'autres que les parents ont internés en hôpital psychiatrique et il y en a même un qui est mort bourré étouffé par son vomi... là, c'est devenu vraiment glauque. Ça l'était peut-être déjà quand on terrorisait les voyageurs dans le métro ou qu'on balançait de la bombe lacrymo sur les passants mais le peu de pouvoir que confère le nombre est vite enivrant, légitimé par l'impression d'être les Robin des bois des temps modernes.

On était les rois du monde et on ne pensait pas pour toujours mais à jamais.

No futur, on était de sales gosses pas censés atteindre l'âge adulte, sauf que moi je n'avais aucun tatouage ni piercing, rien d'indélébile ; quand je rentrais chez mes parents, de temps en temps j'enfilais ma redingote et j'allais à l'opéra avec ma mère. Ma famille à moi, c'était pas du Zola, je n'avais rien à fuir, je n'étais pas mal aimée. Mes parents ne buvaient pas, ne me frappaient pas, ne voulaient pas m'interner, ils ne cherchaient même pas trop à me comprendre, ils attendaient que ça me passe en regardant ailleurs, ils m'ont toujours fait confiance et j'avoue qu'au fond je craignais plus leur jugement que la justice pénale.

Je me suis raccrochée aux branches à temps pour arracher un bac malgré tout, sûrement pour ne pas les décevoir, et j'ai même réussi à assurer la fac après.

On pourrait dire que pendant cette période d'errance je m'encanaillais juste. Mais je ne faisais pas semblant, j'avais besoin d'anarchie et de sauvagerie. J'ai passé de très bons moments en étant raide et j'avais une vraie affection pour les sniffeurs de colle, j'aurais voulu qu'on puisse évoluer ensemble et partager avec eux ma passion pour le cinéma ou la littérature mais la galère ne facilite pas l'accès à la culture.

Les Bérus ont vieilli, ils se sont mis à chanter « Mineurs en danger » plutôt que « Vive le feu », comme NTM a fini sur « Pose ton gun » après « Qu'est-ce qu'on attend pour ne plus suivre les règles du jeu ? ».

Toute fièvre se négocie finalement.

« Aux mains de l'État la force s'appelle droit, aux mains de l'individu elle se nomme crime. »

(Bérurier Noir)

À Lyon, j'avais rejoint la grande qui tenait un magasin de disques alternatif du temps où la LCR régnait encore sur les pentes de la Croix-Rousse. Dans un mouchoir de poche on trouvait Wolnitza, un bar sans alcool tenu par des libertaires, I.S.A., une imprimerie citoyenne et le Rap'thou, un immeuble occupé par des anarcho-punks rue de Thou. C'était l'époque des utopies à portée de poing où on voulait tout foutre en l'air. On avait un idéal et on se battait pour, enfin *ils* avaient un idéal et me laissaient me battre à leurs côtés.

J'avais déjà fréquenté les squats et lancé des pierres sur les CRS, mais avec les punks à Paris, c'était par agrément pur et simple, parce que dormir dans un squat est plus confortable que dans un hall d'immeuble et que face à un CRS faut avouer qu'on a envie de balancer des trucs. C'était sans réelle conscience politique, la première préoccupation du punk étant de trouver à boire et à pogoter.

Pendant les manifs de 86 par exemple, j'étais lycéenne, je séchais les cours, j'en avais pas grand-chose à battre des préoccupations des étudiants en vérité, mais c'était chaleureux, on marchait dans le même sens, on était partants pour tout casser, toujours prêts à rejoindre la guérilla du moment que la cause est juste, surtout que le combat défoule.

Mais eux, les rebelles des pentes lyonnais, ténébreux kamikazes regroupés sous le nom de Wolnitziens, rêvaient d'un monde meilleur, s'intéressaient à tous les opprimés, les affamés, les sans-papiers, les femmes violées et même si certains des plans élaborés n'ont pas été suivis d'action je m'en souviens comme d'une merveilleuse ambition, pas des paroles en l'air, des projets dont je me suis éloignée avant d'en voir l'aboutissement mais qui me font toujours rêver.

La lutte n'est pas un jeu mais c'est quand même mon dernier souvenir d'enfance. L'époque où rien n'était définitif, où tout semblait possible, avant d'être adulte, parent, imposable, propriétaire.

Je me repenche rarement sur cette période car j'ai le sentiment aujourd'hui d'avoir tourné ma veste, trahi, parjuré. À vrai dire je n'ai jamais rien promis, je n'ai jamais revendiqué aucune appartenance, même si le simple fait d'assister aux réunions ou de prendre le mégaphone dans un rassemblement me faisait immédiatement adopter et me sentir à ma place.

En hiver je faisais des crêpes et du vin chaud et ils débarquaient avec leurs bonnets tricotés main, leurs anoraks multicolores chinés à Emmaüs, l'appart se remplissait de lutins enragés et résonnait de discours enflammés. Chez eux il y avait une grande balançoire au plafond, et il suffisait de toquer pour partager leur tablée et apprendre à faire la tarte au potiron en échafaudant l'attaque d'un QG d'extrême droite.

Au printemps, on mettait le réveil pour attendre les flics qui risquaient de vouloir déloger des potes, on arrivait au squat à l'aube et on n'était plus jamais seul, après on pouvait avoir n'importe quelle emmerde avec les huissiers ou les créanciers on savait qu'on ferait front ensemble.

Avant Lyon, j'avais connu le squat crade et froid, impersonnel et pas fiable. À Besançon on avait retrouvé l'immeuble muré avec nos affaires à l'intérieur, un chat était même resté dedans, je revois cette pauvre fille en larmes essayant de percer le mur à coups de Doc Martens pour le libérer, elle était seule avec ses petits pieds face aux parpaings.

À Paris, où on avait traîné avec les punks, entre Nation et quai de la Gare, il y avait parmi les squatteurs une nana bien amochée par la vie qui nous montrait une photo de son bébé qui lui avait été retiré, on l'évitait tous un peu, c'était sordide et c'était chacun pour soi. Il y avait des vrais craignos et des vrais illettrés, je me souviens d'une gamine qui voulait voler une voiture pour aller à New York « par la route ».

Les Wolnitziens connaissaient leur force et leurs droits, ils n'étaient pas à la dérive, ils étaient militants. Avec eux, la rage se mettait en scène, ils organisaient des bouffes dans les supermarchés où se joignaient des consommateurs croyant à une animation, mais aussi des commandos pour foutre en l'air les stands des révisionnistes dans les salons littéraires, ou des concerts sauvages autour de la statue de Jeanne d'Arc le jour du défilé du FN. On balançait des pavés sur les manifestants anti-avortement, on ne défilait pas sagement aux horaires autorisés et sur les parcours alloués par les forces de l'ordre, on les provoquait comme des sales gosses rebelles et fouteurs de merde et l'arrogance devenait constante, même seule je n'avais plus peur.

Parfois je confondais un peu taper sur un facho et sur une beauf qui voulait ma place de parking, je dois admettre que je devenais un peu sauvage.

« Ensemble » c'est sans doute le mot clé qui justifie tous les débordements, c'est plus facile de suivre un groupe que d'affirmer les mêmes positions tout seul au milieu d'une foule hostile. C'est sans doute pour ça que j'ai la nostalgie de cette jeunesse, j'ai gardé les mêmes idées mais, parmi les musulmans, puis les commerçants, les fonctionnaires et les beaufs, je n'ai plus arrêté de me sentir seule.

Le temps est passé là-dessus, certains sont tombés dans la grande délinquance (on ne se posait pas trop les questions du genre : « la violence est-elle un moyen ou une finalité ? », on ne relevait pas trop la fascination pour les armes que certains ont fini par affirmer), d'autres ont fini par rentrer dans le rang, certains tentant même de se ranger « utiles » en croyant pouvoir infiltrer le pouvoir, changer les choses de l'intérieur, prendre le mal à la racine.

Moi, j'ai toujours protégé mes arrières, au risque de me sentir parfois coupable d'imposture, je suis retombée sur mes pieds. Gauchiste antisexiste, je le suis restée en côtoyant l'islam malgré les dissensions politiques. L'antinationalisme est resté, mais j'ai cédé à l'envie de confort, j'ai eu d'autres problèmes que ceux des autres, j'ai abandonné les grandes causes pour des cas particuliers, je me suis renfermée et comme je n'étais plus entourée d'une armée de rêveurs, la société de consommation m'a mangée.

Car la lutte ne se fait pas au coup par coup, quand on s'arrête sur le bord de la route on est vite semé, et c'est pas facile de rejoindre d'autres groupes, les militants ne sont pas toujours aussi ouverts que les Wolnitziens, ils ne sont pas tous très sûrs du droit de l'homme à faire son propre bien et à faire reposer son existence sur autre chose que la souffrance.

Le militant triste est la figure typique de l'homme du ressentiment et de l'impuissance, qui ressemble au prêtre comme un jumeau. [...] *Son arme principale : la culpabilisation. « Comment oses-tu t'occuper de tes petites affaires, de tes petits plaisirs ou de tes petites souffrances, alors que, dans le monde, il en est de tellement plus grandes ? » Être du côté de la liberté consisterait ainsi à devenir cet homme de pure abstraction, exilé de sa vie au nom de la vie.* (Nicole Caligaris)

Anarchie vaincra, j'ai bien peur que ce soit sans moi.

« Police, machine matrice d'écervelés,
mandatée par la justice sur laquelle je pisse. »
(Suprême NTM)

Les flics m'ont toujours bien aimée, c'est drôle, moi qui n'en ai jamais apprécié aucun, même avec l'âge, c'est l'un des derniers *a priori* dont je ne peux pas me défaire, pourtant chaque fois qu'on s'est fait prendre, pour eux, j'étais la pauvre petite, entraînée par de mauvaises fréquentations.

C'est terrible quand on rêve d'être Calamity Jane ce manque de reconnaissance ; et heureusement que mes amis m'ont toujours fait confiance, ils auraient pu se demander ce que je pouvais bien raconter pour toujours sortir la première de garde à vue et ne jamais prendre de baffe.

Par exemple, un soir avec les punks, j'avais fugué pour rejoindre la grande et les Apaches à Besançon, et on devait se rendre à Lille pour un concert, d'habitude on voyageait en train, avec des déclarations de perte de papiers établis à de fausses identités (Marlène Verdier, si tu me lis, je m'excuse pour toutes les amendes que tu as dû recevoir, j'espère sincèrement que tu as pu justifier de ton impossibilité à te trouver dans ces trains) mais là, un petit malin a décidé qu'on ferait mieux d'emprunter une voiture (parce que quand on a des yeux de biche tatoués ou une crête rouge, les contrôleurs se contentent rarement de dresser un procès-verbal, ils ont plutôt tendance à faire arrêter le train en rase campagne pour libérer la place). Seulement la 2CV qu'il avait choisie ne démarrait pas, et pour cause, elle était en panne d'essence. On l'a donc poussée, dans le noir. Imaginez la scène, des Iroquois et des pétards de toutes les couleurs dans une ZUP endormie en train de glousser en poussant une voiture volée... qui percutent une voiture de police en planque dans la cité !

Alors avec moi, les condés ont été très sympas, morts de rire, ils nous appelaient les Pieds Nickelés en se tapant sur les cuisses et me disaient de charger le meneur – l'Arabe, forcément –, de dire qu'il ne nous avait pas prévenus que ça n'était pas son véhicule, et que ma copine et moi on pourrait rentrer chez nous. Mais moi je vivais *Roméo et Juliette* à fond, je ne voulais surtout pas qu'ils appellent mes parents, je voulais rester avec mon amoureux à grande bouche.

Ils nous ont séparés, la grande et moi on a eu droit à des couvertures et à rester ensemble, les mecs étaient en calecif et pieds nus répartis un peu partout, ils se prenaient des claques dès qu'ils ouvraient la bouche et je voulais devenir terroriste pour voir un jour exploser ce dépôt, mais je m'égare là.

Idem quand on a été alpaguées pour les graffitis qu'on n'avait pas faits (à force de le répéter, ça m'est resté, faut dire que nous mettre sur le dos « les bérurriers sont les rois » je veux bien, mais « Algérie française » faut pas déconner). Pendant la garde à vue ce cow-boy de Boulgorgue, qui n'avait même pas l'excuse du débutant pour se la raconter comme ça d'avoir alpagué deux gamines (il était bien grisonnant cézigue), on ne peut pas dire qu'il ait été cool avec moi, à croire qu'il allait démanteler Action directe en nous faisant bouffer ses santiags, mais quand même, il voulait à tout prix me faire dire que le cerveau, c'était l'autre, la grande.

Je dois avoir l'air trop conne pour penser par moi-même, à la réflexion.

À l'arrivée, je dois être la seule du lot qui n'ait pas de dossier, blanche comme un ange, jamais de procès, ni d'amende, rien.

C'est comme ça qu'aujourd'hui je peux être fonctionnaire au service de l'État, former la jeunesse de demain pour mille cinq cents euros par mois plutôt qu'être écrivain ou réalisatrice comme Virginie, merci la police.

« Un ennemi en commun, et n'avoir rien
ça crée des liens, de fractures en brisures,
la tête usée contre les murs. »

(Straight Royeur)

Quand *Do the Right Thing*, le film de Spike Lee, est sorti, ça a été une révélation.

On a découvert Public Enemy, puis KRS One, Ice T, Run DMC et les Beasty Boys. On n'avait aucune culture hip hop, on écoutait du punk rock et du hardcore avant (surtout la grande, moi en vérité j'écoutais la Mano Negra et les Endimanchés, même, pour vous dire si je reviens de loin), on n'y connaissait rien en rap, à la rigueur les groupes de fusion nous ouvraient sur le groove mais doucement, on avait un énorme retard à rattraper pour comprendre ce mouvement.

On a essayé de s'y mettre toutes seules parce que ça nous correspondait trop bien, on s'est acheté des grosses baskets et des cyclistes moulants, que je portais sous ma blouse parce qu'on ne passe pas des Endimanchés à Chuck D. sans transition (enfin moi c'était plutôt Flavor Flav qui m'inspirait), et on a monté un groupe de filles.

Puis assez vite, on a croisé un mentor, *the Professor* qui allait devenir l'homme de ma vie.

À cette époque, les skins chassaient tout ce qui était punk ou basané, et, dans la rue parallèle à notre quartier général, il y avait un pub, tenu par des rappeurs arabes qui faisaient régulièrement les frais de leurs ratonnades.

Après avoir de part et d'autre compté nos blessés, on a décidé d'une action commune. La réunion fut assez épique, entre gauchistes et lascars les discours et les méthodes différaient, la position par rapport aux armes n'était pas la même (au moins la position officielle, les lascars assumant beaucoup plus leur engouement paramilitaire), par rapport aux filles non plus. La grande et moi, on aura eu bien du mal à ne pas faire de la figuration dans l'offensive, même quand ils nous arrivaient sous les seins, les gars se sentaient un devoir et un droit de nous éviter les coups.

Dans la baston un skin (tout keus) m'avait mis un (petit) pain, mes potes ont eu toute la peine du monde à retenir mon amoureux qui se voyait bien plus comme mon protecteur que mon alter ego, et qui attaquait à la hache celui qui avait osé toucher sa chose.

J'aurais pu commencer à entrevoir qu'il était un peu excessif.

Ce grand amour, je l'avais croisé devant un bar, la grande ne tenant plus debout s'était répandue à ses pieds et il l'avait enjambée d'un air dédaigneux quand tout le monde s'attendait à ce qu'il l'aide à se relever.

Lui, il avait vingt-trois ans, venait de faire son service militaire en Algérie, étiré sur trois ans à cause des tentatives de désertion, et ne fréquentait les bars que pour y boire des cafés et du Coca, il était allergique à l'alcool. Il était beau comme un dieu, auréolé de mystère, je connaissais à peine le son de sa voix et ne l'avais jamais vu sourire.

Il avait l'Afrique autour du cou, lisait Richard Wright et vénérait Malcolm X, le mouvement hip hop en France en 1990 était tourné vers les États-Unis, et les jeunes issus de l'immigration se retrouvaient dans la lutte des Noirs américains.

Il arpentait la ville la nuit pour écrire son nom sur les murs ou recouvrir des trains de formes et de couleurs. Il écoutait George Clinton et Bootsy Collins, tout un univers à découvrir. J'étais tombée sous le charme, comme tous ceux qui l'avaient approché.

Il inspirait le respect et la crainte. Il avait la dignité et la grâce d'un prince du désert, Sa Majesté silencieuse laissait augurer une sagesse et une réflexion intenses. Dès qu'il a posé ses yeux perçants sur moi, j'y ai vu une blessure que j'ai voulu soigner.

La situation des Arabes en France nous semblait proche de celle des femmes dans le monde et on a immédiatement adhéré à ce qu'on a pris pour une rébellion commune.

Et on a tout amalgamé. On a mélangé hip hop et black muslim, on ne disait même pas islam, ça sonnait plus exotique en anglais. Ça ressemblait plus à une culture qu'à une religion, à cette époque c'était juste un mode de vie sain, la première soirée passée avec lui était pour nous la première sans alcool depuis longtemps, la plupart d'entre nous étaient végétariens alors ne pas manger de porc ne signifiait pas grand-chose, on a été très légers sur ce coup-là, on était beaucoup moins tolérants avec les cathos.

J'ai eu dix bonnes années après cette introduction langoureuse pour réaliser que féminisme et religion étaient antinomiques. Et je n'ai pas mis longtemps à comprendre qu'entre le bon musulman que mon amoureux aspirait à être et ce qui l'attirait dans la vie, il y avait globalement incompatibilité. Ça bataillait ferme sous son crâne. Pour un Algérien de la deuxième génération, la fracture est bien profonde, entre ambition et vengeance. La première expression que j'ai apprise en arabe c'est « *li fet met* », approximativement « du passé faisons table rase », en gros « oublie », et pourtant mon instructeur n'a jamais su se dégager des chaînes de son histoire.

En tout cas, avec cette rencontre, le groupe de filles est devenu rap-core (« Rock terroriste ça vous a fait rire ? Rap terroriste ça vient de sortir ! »).

Les Straight Royeur étaient nés.

« Play that funky music white boy. »
(Sly and the family Stone)

Même le nom constitue un malentendu, pour moi le *straight* venait de *straight-edge* parce qu'on ne buvait pas d'alcool, alors qu'en fait la grande était bien souvent bourrée pour monter sur scène et le bassiste fumait le bédo au réveil, en réalité ça voulait dire « carrément royeur », de « rouilleur », celui qui traîne toute la journée même sous la pluie, au risque de rouiller, de l'expression d'un collègue de la grande, qui développait alors les photos pour un hypermarché aux côtés d'un philosophe.

Ce qu'il faudrait pour relater l'aventure, c'est en vidéo les centaines de répétitions. D'abord, dans le pavillon de banlieue de la copine qui hébergeait nos premières tentatives de rap, avec notre mentor autopromu Professor Griff (du nom de l'auteur des chorégraphies paramilitaires du groupe Public Enemy, chef de la Security of The First World) et vite surnommé professeur Abdul, à qui j'avais donc juré amour éternel. Il nous avait rebaptisées Mothership et Stroy D. et nous donnait un coup de bâton chaque fois qu'on n'était pas sur le *beat*. Il nous apprenait aussi à danser comme des vraies et quand on ne tenait plus debout, il animait l'atelier « tags ».

Ensuite les répétitions se sont poursuivies dans l'usine désaffectée où Majid-lunettes (tout droit sorti du dessin animé *Funky Cops*) ne dealait qu'à la nuit tombée quand il faisait ramadan, où M.C. avec la bouteille de Coca qui dépassait de sa poche nous faisait la grâce de jouer avec nous, mais toujours en improvisant. On ne savait jamais à l'avance s'il allait prendre la basse ou le synthé, ni à quel moment il allait intervenir, devant les skaters grunge qui eux jouaient du hard-core et venaient nous écouter en mangeant des bonbons, tannés dans des vieux sièges de voiture. C'était l'époque où la grande ressemblait à un mec et moi à Chantal Goya avec des gros nœuds dans les cheveux, c'était l'époque de la guerre du Golfe et sur les portes arrachées s'étalait en grosses lettres rouges dégoulinantes « *1 000 skuds sur Israël* ».

À la destruction de l'usine, nous avons migré dans les anciens locaux de la Gestapo, transformés en locaux de répétition par la Ville de Lyon. Là, le professeur Abdul devenu DJ Abdul a fracassé ses platines à coups de briques un jour de stress intense, à la veille du concert avec NTM, réaffirmant ainsi son excessivité.

À la suite de ça, un peu tricard de partout, on a fini par devoir payer pour répéter.

Ça commençait à partir en sucette. On n'arrivait jamais à l'heure, on commençait par écouter les mésaventures du batteur, trop jeune pour toucher le RMI mais pas pour rouler en cabriolet, qui était toujours recherché par des voyous ou par la police (dans ma grande naïveté je ne comprenais pas ce qu'il faisait) quand il ne s'était pas fait dépouiller par son propre frère. L'ancien guitariste d'Haine Brigade commençait souvent tout seul, en s'énervant parce qu'il avait juste deux heures dans ce bocal bas de plafond avant d'aller bosser. La grande chantait comme Courtney Love des textes que je ne comprenais pas sur lesquels je posais des chœurs funky et le bassiste jouait les Red Hot Chili Peppers dans son coin, en attendant le DJ, véritable électron libre, qui apparaissait souvent dans le dernier quart d'heure.

Il faudrait se rappeler les galères de tournées où on ne trouvait pas la salle, avec notre manager adoré qui ne savait ni lire une carte ni réclamer un défraiement (mais on était déjà trop sur scène alors il faisait manager). Le flip des passages de frontières à pied quand les musiciens n'avaient pas de papier, avec l'angoisse de pas savoir une heure avant le concert si on serait au complet sur scène. Le repérage des pharmacies pour l'hypocondriaque de la bande, des MacDo pour les danseurs préado qu'on embarquait en faisant croire à leurs parents qu'ils participaient à un tournoi de foot et qui nous grillaient avec les organisateurs de festivals, nous faisant perdre notre cachet parce qu'ils taguaient les voitures sur le parking en attendant de monter sur scène.

Le choc des cultures entre punks et rappeurs, entre anars et lascars, n'a pas toujours été une réussite. M.C., sur scène avec son blouson en peau de phoque au Festival antivivisection et son buffet végétalien, ne faisait pas fructifier notre capital sympathie.

Et enfin les flics qui envahissent la salle et encerclent la scène en plein concert, parce qu'on a oublié de rendre les platines de location, pour finir en beauté et rester dans la légende.

Pendant ces années, je me sentais reine du monde (d'ailleurs je taguais Raine), l'être le plus viril et le plus populaire que j'ai jamais connu avait déposé son univers à mes pieds, même ses défauts faisaient encore figure de qualités à mes yeux et j'avais l'impression qu'on était tous soudés derrière les slogans du groupe.

Nulle expérience n'est plus intense que de sentir vibrer une salle à l'unisson, de faire danser les foules et de voir des rangées de poings levés reprendre le refrain qu'on scande.

Je ne pensais pas que mon trône pourrait un jour vaciller, que la grande se lasserait d'être la seule à tirer le groupe vers l'avant, je n'ai pas réalisé qu'elle n'était plus aussi sensible au charisme d'Abdul devenu de plus en plus caractériel. Je n'ai pas vu venir la fin, je n'ai pas senti se rompre la fraternité alors qu'on avait laissé partir le guitariste au profit d'un étranger recruté par annonce.

On a commencé à gâcher, les répèt' qu'on négligeait, les maquettes dont on n'a rien fait, les dernières ballades sont restées en suspens et la grande est partie à Paris publier son premier roman.

« Quand j'étais p'tit on m'a appris qu'aller bosser c'était la vie, mais pour moi la vie c'est pas ça : sois productif et ferme-la ! »

(Les Rats)

Donc un beau jour, un détour avait amené ma route à croiser celle d'un musulman moins exotique qu'il en avait l'air, qui m'avait sans tarder remise dans le droit chemin. Remisée, c'est le mot. Puisque j'ai laissé tomber les études, puis la musique, puis la politique, je suis devenue instit et j'ai fait des gâteaux.

À la base, le professeur Abdul était graffiteur, il peignait à la bombe, sur mur d'abord, à l'arraché, puis sur toile, à l'artistique. Il faisait des illustrations pour des magazines, il travaillait parfois pour des photographes de mode, pour des galeries, il avait des fans, il était interviewé, il m'impressionnait.

Parfois il ramassait un SMIC en une journée passée dans les vapeurs toxiques, pour une fresque dans une boîte de nuit ou dans un restaurant, alors il revenait les bras chargés de cadeaux et régalait tous les potes ; mais parfois ça ne se passait pas comme prévu, le client ne voulait pas payer (le prix avait parfois été réévalué entre la commande et la livraison) et se prenait une brique dans le pare-brise, alors il en parlait autour de lui, grillait des plans.

Je trouvais que le monde était bien cruel pour les écorchés vifs.

Je croyais moins en mon talent qu'en le sien, il fallait bien que l'un de nous deux gagne de quoi faire bouillir la marmite au quotidien, pis, je pensais que c'était plus facile pour moi qui avais accès à d'autres boulots qu'à l'usine.

Je traînais depuis longtemps une culpabilité à ne pas être née noire et pauvre, allez savoir pourquoi, je n'en finissais pas d'avoir honte du pavillon de banlieue de mon enfance, comme si c'était un hôtel particulier du XVIe, je pensais avoir à me racheter pour avoir tant reçu. J'ai rencontré depuis des filles qui ont vraiment grandi dans des hôtels particuliers du XVIe et qui le vivaient très bien, ne se sentaient pas du tout planquées de la Révolution, assumaient leurs origines avec un aplomb qui m'a toujours épatée.

Je me suis levée à sept heures pendant dix ans pour trouver mon homme au lit en rentrant à midi, lui préparer à manger et sortir le chien avant de retourner travailler, je crois que j'ai remboursé la dette que je pensais avoir à être venue au monde dans un paisible et heureux foyer de classe moyenne.

Et celui qui en a bénéficié n'était pas plus mon créancier qu'il ne s'est considéré comme mon débiteur.

Après avoir pris du bon temps comme vidéaste, en survivant de petits boulots tels qu'animatrice de grande surface (s'agit pas de mettre l'ambiance mais de faire essayer des produits, vingt ans après je me lave encore avec les échantillons de savon que je devais distribuer, c'est dire si je faisais bien mon boulot) ou service d'ordre sur Minitel rose (on faisait ça ensemble avec la grande, on devait traquer la prostitution organisée, j'ai su depuis qu'elle avait détourné l'esprit du job en racolant elle-même, moi ça ne m'était pas venu à l'esprit), il a fallu trouver un vrai métier, alors je suis devenue institutrice.

À la campagne, où les enfants m'apportaient des légumes comme on offre des chocolats, à la ville, où les mères d'élèves en difficulté tentaient de me soudoyer en payant mes courses à l'épicerie du coin, dans les beaux quartiers, où on se plaignait de ne pas me croiser à la synagogue, en cité, où j'ai appris à changer une roue comme on refait son lacet, avec les Gitans, où quand j'étais surprise que Mlle X épouse M. X les gamins me rétorquaient : « Ben évidemment c'est son cousin, elle va pas épouser un étranger quand même ! »

J'étais remplaçante, titulaire-mobile-brigade-congé-maladie, donc j'ai tout fait, les primo-arrivants, les moins de soixante-dix de QI, les classes modèles pour maîtres formateurs, les tout-petits qui rentraient le jour de leurs deux ans et les CM2 où certains redoublants étaient plus grands que moi. Il n'y a que l'enseignement en prison que je n'ai pas fait, ils ne voulaient pas de fille.

Tout cela sans connaître grand-chose du monde de l'éducation, car recrutée comme institutrice l'année où le statut changeait, j'ai été envoyée directement sur le terrain et passée prof des écoles par concours trois ans après, on a considéré que je n'avais pas besoin de formation puisque j'étais déjà instit.

Ça donne déjà une idée de l'embrouillamini kafkaïen qui régit notre administration.

On ne peut pas dire non plus que je sois autodidacte, j'ai toujours préféré la philosophie ou la poésie à la pédagogie, j'ai seulement essayé d'appliquer à l'enseignement les leçons de la vie, intéresser les élèves et leur apprendre chaque jour quelque chose qu'ils ignoraient le matin.

Je viens d'entendre à la radio que je gagne bien moins que le salaire moyen français, ça ne veut pas dire grand-chose les chiffres, ça ne veut pas dire que la majorité des Français gagne plus que moi, ça veut surtout dire que certains Français gagnent énormément, ce qui fait monter la moyenne, mais ça m'a mis un coup, je me considérais sinon nantie au moins privilégiée.

Je n'avais pas attendu cette information pour savoir que l'interdit bancaire me guette. Comme je n'arrive pas à réduire mes dépenses (j'ai déjà vécu de rien mais au moins je faisais la grasse matinée, je trouve trop injuste de se priver quand on est obligé de se lever tous les matins pour aller bosser) et que mes rentrées sont fixes (dans mon métier, qu'on se donne à fond ou qu'on tire au flanc, le salaire est le même, il n'y a pas d'heures sup), je me surprends à chercher un petit boulot annexe, au black et pas trop contraignant.

Chômage, l'homme pleure.
La grande misère de l'homme, c'est qu'il ait à pleurer
et à souhaiter ce qui l'humilie.

Albert CAMUS

Je ne veux pas non plus perdre ma vie à la gagner, alors j'ai tenté lectrice, correctrice, puis j'ai réduit mes ambitions à baby-sitter, et j'ai fini par me renseigner pour vestiaire, et là un pote m'a proposé de me laisser peloter en souriant au bar à hôtesses en face de chez moi. Je pense que c'est un coup à ne plus avoir de boulot du tout, par ailleurs faire croire aux clients qu'on est sympa parce qu'on est sous le charme et pas du tout parce qu'on est une pute me semble plus difficile que de faire vraiment le tapin, et bien que je soutienne les revendications des prostituées, je ne suis pas prête à partager leur fardeau.

C'est drôle, éminemment respectable, je le suis d'emblée parce que je suis maîtresse en maternelle et mère d'un enfant handicapé. À jamais indigne du moindre respect sont les filles qui ont un jour vendu leur corps, celles qui avouent s'être prostituées ou celles qui ont joué dans un film porno. Comment les braves gens qui collent des étiquettes s'accommoderaient-ils d'une ex-actrice de porno qui aurait eu un enfant handicapé ?

« *What's wrong with the world, mama ?*
I think the whole world addicted to the drama. »
(Black Eyed Peas)

À force d'instruire les enfants des autres, ça m'a titillé la fibre maternelle de tenter ma propre expérience pédagogique. Le temps n'était pas au beau fixe dans mon foyer et je savais que mon enragé d'Abdul ne ferait peut-être pas un père idéal, mais je l'aimais et je n'arrivais pas à le quitter, alors quand j'ai commencé à exploser les coutures de mon jean, je me suis dit qu'il avait sûrement des trésors à transmettre lui aussi.

Pendant ma grossesse il a été aux petits soins et j'ai même cru que la naissance le détournerait de son nombril, surtout que l'accouchement a été rock'n'roll.

J'aimerais me vanter de la ténacité avec laquelle j'ai tenu à respecter les consignes de l'hôpital disant de ne pas venir avant deux heures de contractions régulières, alors que le placenta pendait entre mes jambes. J'aimerais décrire avec humour la panique du géniteur en s'apercevant au moment de me sortir de la voiture que je lui rendais vingt bons kilos et qu'il ne pouvait pas me porter. Je préférerais exagérer pour le fun la stupéfaction des patients qui me voyaient traverser la salle d'attente le cul à l'air pour ne pas tacher ma robe remontée sous les seins, couverte de sang comme pour un gore remake de *Carrie*.

Tout ça on se dit sur le coup : « Plus tard, on en rira. »

Mais je ne pourrais pas rester légère sur l'arrivée au monde de mon fils, puisque rien n'avait laissé prévoir le trou grand comme une pièce de cinq francs que révélait le bas de son dos. Je ne me souviens que de ma consternation, la peur d'avoir mal poussé lors des contractions, la culpabilité naissante, la perplexité inquiétante des sages-femmes et le visage défait de son père, parti pour suivre l'ambulance et revenu de longues heures plus tard, l'haleine chargée de whisky.

Je reste amère au souvenir de la froideur du personnel hospitalier qui nous conseillait de ne pas nous attacher au bébé et de penser à vite en faire un autre.

Même avec le recul, je suis incapable de raconter la moindre anecdote amusante concernant les interminables semaines d'enfermement au secteur nourrisson avec son manque d'intimité, les pleurs des parents et les cris des enfants qui n'ont pas de visite.

Mon fils est né *spina bifida*, sa colonne vertébrale ne s'est pas soudée dans mon ventre au début de ma grossesse, et les échographies n'avaient pas révélé cette cavité béante dans la moelle épinière entre les lombaires. Les terminaisons nerveuses sont touchées ou anéanties, alors après c'est la loterie, de pied bot à légume, on peut être légèrement contrarié ou s'attendre au pire, selon son caractère. Son prénom signifie « optimiste », en arabe, le parti pris était donc ferme et définitif.

Je n'avais jamais mis les pieds dans un hôpital avant d'accoucher.

Je ne connaissais pas les convenances, les manières de s'y comporter, j'imaginais bien que ça n'était pas un endroit où résonnaient les rires et les chants mais je ne savais pas que la bonne humeur y était interdite de séjour. À partir du moment où je me suis installée à plein temps au service pédiatrique de l'unité neurologique j'y ai transporté mes amis, ma tchatche, ma musique. La chambre de mon fils s'est animée d'une joyeuse ambiance qui ne pouvait faire de mal à personne mais a choqué les infirmières avec lesquelles j'ai commencé à m'embrouiller. De la même façon qu'on doit être triste dans un cimetière, on doit être inquiet et sombre à l'hôpital.

Elles pensaient que je ne réalisais pas assez bien, elles prenaient leur tête de circonstance en nous énonçant des « il va falloir être forts très forts » à la Coluche et semblaient carrément heurtées par mon positivisme, alors elles m'en remettaient sans cesse une couche, en me disant qu'en ne voyant pas les choses en face je risquais de tomber de haut, et, si je les avais écoutées, je pense que je serais allée me jeter dans le Rhône.

De toute façon on n'est jamais préparé au pire et la chute est toujours vertigineuse quand ça tourne mal pour l'enfant qu'on vient de mettre au monde.

Qu'est-ce qu'elles croyaient, que je trouvais ça juste un peu contrariant que ce qui devait être le plus beau jour de ma vie se transforme en cauchemar ?

Il aurait fallu que je hurle, que je me tape la tête contre les murs pour que ma douleur soit convaincante ?

Pourquoi faudrait-il exhiber ses sentiments les plus intimes pour avoir l'air humain ?

Pourquoi faudrait-il tous fonctionner de la même façon pour avoir droit à de la compréhension ?

Oui, je me suis empressée de rebondir. J'ai considéré le fait de ne pas ramener le nouveau-né dans la chambre qu'on lui avait préparée comme un sursis pour pouvoir fêter mon anniversaire au restau avec la grande, au lieu de le vivre comme un crève-cœur et d'en perdre l'appétit. Oui, j'ai profité qu'il était à la charge de l'hôpital pour remballer ses brassières et me féliciter de ne pas avoir à me soucier de son linge encore un moment (même si ça m'a bien fait chier de le trouver en grenouillère rose défraîchie comme une petite fille de l'Assistance publique). Je me suis concentrée sur ces infimes détails pour occulter la terrible réalité de la vie que je venais de donner.

J'ai joué l'évaporée, la naïve (je sais très bien faire ça, je suis une fille) devant le corps médical, la confiante en l'avenir quand j'ai vu les yeux de mon père s'embuer, j'ai fait semblant d'être forte en voyant ma mère pleurer parce que c'est tout ce que j'avais à offrir pour rattraper ce don mal formé. Je ne pouvais pas dire à mon fils :

« Je t'ai donné la vie mais, excuse-moi, je te l'ai un peu ratée et ça va être dur pour toi, alors je suis triste. »

J'ai préféré garder mon énergie pour lui donner le change, le maintenir dans l'illusion que tout était normal, *the show must go on* : « C'est comme ça mon ange quand on vient au monde, on te fait des tas de misères, on te fait souffrir, on te sépare de tes parents, on te met dans un endroit moche et décrépi avec des gens tous recouverts de papier bleu qui font la tronche. Mais toi et moi on rigole, on s'occupe pas du décor ni des figurants, on joue notre comédie du bonheur et on va y croire tellement fort que rien ne pourra nous atteindre. »

Mais je ne faisais pas semblant comme son père qui, sous un vernis de force tranquille, se fissurait inexorablement de l'intérieur, j'avais vraiment confiance, en mon fils, en moi et en la science.

De même qu'après j'en ai agacé plus d'un dans les congrès autour de sa maladie, à soutenir que lui, ne serait pas arriéré comme on voulait que je m'y prépare ; je me souviens de cette mère qui me disait qu'elle aussi avait longtemps voulu espérer, mais qu'elle devait admettre, devant l'échec scolaire de sa fille, que cette pathologie entraînait une déficience mentale, à qui j'ai rétorqué que sa fille n'aurait peut-être pas mieux réussi à l'école en bonne santé, vu qu'elle-même n'était peut-être pas très intelligente, à généraliser comme ça.

Pas de quartier, la cruauté comme bouclier, seuls les faibles se serrent les coudes.

Et encore maintenant, quand mon fils sympathise avec une dame en fauteuil, si elle lui dit : « Moi aussi, à ton âge, je pouvais encore marcher un peu », je la dégage sans pitié, on ne peut pas faire un club de la douleur, je préfère penser que, s'il n'y en a qu'un qui s'en sortira bien, ce sera lui.

Si la misère n'est pas contagieuse, la tristesse l'est, notre moral ne tient qu'à un fil.

Heureusement on en rencontre aussi des gens épatants en fauteuil, des combattants, des militants, des actifs, des sportifs, des ambitieux, des heureux, que je préfère qu'il prenne pour exemple.

Comme il leur a donné tort à tous ceux qui ne croyaient pas en lui !

Aujourd'hui, sa vitalité est rayonnante et son énergie revigorante. Son optimisme illumine mon quotidien tandis que s'est obscurci celui du père qui lui a tourné le dos, incapable d'assumer sa réalité.

Et même si mon fils est une partie de moi, je ne suis plus la moitié de personne et j'en suis fière. J'essaye d'être résolument optimiste à tendance invincible.

« *Tu vuo fa l'americano.* »
(Akhenaton,
d'après Adriano Celentano)

J'ai revu le film de Scorsese et j'ai appris quelque chose aujourd'hui : « affranchi » ça veut vraiment dire « libéré ». Je savais pour les esclaves, mais je pensais depuis toujours que ça signifiait aussi « dans le secret », va savoir pourquoi, j'ai toujours dit : « OK, je suis au courant, on m'a affranchie », et personne ne m'a jamais reprise !

C'est comme quand je trouve qu'un objet n'a rien à faire là et que je le trouve complètement « anachronique », il y a peu de temps que j'ai réalisé (j'ai eu un flash : *chronos*, ça doit avoir rapport au temps ce mot-là) que ça ne voulait rien dire, personne ne m'a jamais reprise, faut croire que personne ne m'écoute...

Déjà que j'ai toujours confondu « bifurquer » et « bivouaquer », c'est terrible je vais finir comme ma tendre mère qui dit « Schwarzenegger » en voulant parler de « Schwarzenberg » et qu'on rectifie dans notre tête d'instinct, sans rien lui dire, si ça se trouve on croit savoir de quoi elle parle et on devine mal, parfois.

Donc, pour réinvestir, je pourrais raconter comment je me suis *affranchie* du père de mon fils, après qu'il eut trop souvent mis à l'épreuve son allergie à l'alcool (à l'école je demande aux enfants de réinvestir le mot qu'ils viennent d'apprendre).

Car après vingt-cinq ans sans goûter un baba au rhum ou un coq au vin (même le vinaigre dans la salade il fallait éviter), l'intransigeant puriste était tombé dans la bouteille.

Au début j'étais plutôt contente qu'il s'assouplisse un peu, mais ça l'a socialisé deux jours de trinquer avec nous, il a lâché deux minutes son bâton de pèlerin, et tout de suite ça a été excessif, violent, destructeur. Comme s'il se disait : « Tu as bu une bière, tu iras en enfer, tu peux bien t'achever maintenant, tu as ouvert la porte au diable. »

Et moi j'ai mis si longtemps à m'en rendre compte, j'ai voulu croire qu'il était maraboutĂ©, surmené, déprimé, qu'il irait mieux quand il aurait un vrai travail qui lui occuperait l'esprit, qu'il serait guéri s'il avait un enfant qui le détournerait de lui même... j'ai tellement repoussé les limites du raisonnable, relativisant toujours par rapport à l'étape précédente, ça avait fini par être lui et moi contre le monde entier, qu'il a fallu mettre des kilomètres entre nous pour retourner à la norme, à la vraie vie, au libre arbitre. La distance m'a permis de m'affranchir physiquement et le temps de m'affranchir moralement.

J'ai revu le film de Scorsese parce que dans le livre de Benacquista, *Malavita*, il est question d'un repenti planqué par le FBI dans un bled de Normandie et quand le ciné-club de son village passe *Les Affranchis* il se lâche dans le débat à raconter moult anecdotes auxquelles les gens réagissent, comme à la vision du film, par un scepticisme amusé genre « c'est très romancé tout ça ».

L'ex-mafioso du livre dit que les vrais affranchis maudissent ce film qui les dépeint tels qu'ils sont, sans morale ni éthique (contrairement aux parrains de Coppola par exemple), enfin je trouve que ça reste assez glamour sur une bonne partie du récit, il me semble que *Nos funérailles* de Ferrara est plus dissuasif pour les filles qui rêveraient encore de maquer un mafieu... bon, moi je l'ai vu trois fois ça ne m'a pas guérie des bad boys mais je dois être un cas désespéré.

Ma fascination pour ce type de virilité ne m'a attiré que des ennuis pourtant.

Je crois que, dans le fond, j'ai toujours rêvé d'être dans la peau d'un caïd.

Déjà, depuis toujours je voudrais être un garçon, parce que des vrais durs il en existe peu chez les filles, à part dans les films de Tarentino.

Quand je voyais les NTM j'avais envie d'être Kool Shen pour être le pote à Joey Starr, quand je regarde *L'Impasse* de De Palma, je m'identifie totalement à Carlito, quand je lis un Connelly, je me reconnais dans Harry Bosch le loup solitaire.

C'est clair, j'aimerais calmer par ma présence, terroriser d'un regard, impressionner d'un geste, j'envie cette virilité exacerbée que possèdent les Robert De Niro, Clint Eastwood, Samuel Lee Jackson ou Lino Ventura quand ils jouent les gangsters. Je ne vais pas me faire opérer dans cette vie mais, dans la prochaine, j'aimerais me réincarner en chef de gang.

« Material Girl »

(Madonna)

Après onze années de fidélité absolue pendant lesquelles l'idée de poser les yeux sur un autre que le mâle aimé ne m'a même pas effleurée, j'ai découvert que la tentation était partout. J'ai réalisé que les crises de jalousie compulsives que me faisait Abdul n'étaient pas totalement sans fondement et que j'étais bien naïve de croire que l'amitié entre garçons et filles puisse être dénuée d'ambiguïté.

Un beau soir, j'ai quitté les vêtements informes dans lequels il me trouvait si bien (quand il était tombé amoureux j'étais en minijupe et maquillée comme une voiture volée mais progressivement ses goûts avaient mué : « Que dirais-tu d'un joli tonneau pour sortir ce soir ma chérie ? »).

Je me suis féminisée un peu et j'ai arrêté de raser les murs.

Je suis sortie danser et, afin de mettre un terme définitif à cette histoire étouffante dont même le temps et l'éloignement ne me permettaient pas de m'extraire, j'ai commis l'irréparable, l'impardonnable, me rendant intouchable à jamais par celui qui me considérait comme la Sainte Mère, me clouant au pilori pour la morale islamo-judéo-chrétienne : je me suis tapé le gogo danseur dans l'arrière-salle après son show.

Après ça, la porte s'est ouverte sur un monde que je ne connaissais pas, j'ai séduit, butiné, profité de ma liberté durement acquise, tant qu'à faire le deuil de la vie rêvée, autant profiter de la nouvelle.

Ce fut le temps de la légèreté, qui avait manqué à ma jeunesse, quand on s'attrape entre potes sans rien se promettre et en s'offrant la totale. Ma deuxième crise d'ado avec des punks cette fois à locks et nés en 77, des petits Sid Vicious jumeaux de Bob Marley qui m'ont offert une seconde jeunesse, une renaissance.

J'ai même pris des cours particuliers avec un professionnel du sexe, présenté par la grande lors d'une soirée parisienne où au milieu des danseuses, comédiennes, performers et strip-teaseuses, j'incarnais le fantasme du hardeur repu et blasé : la petite institutrice de province.

Il me rappelait une figurine Casper que j'avais quand j'étais petite qui disait : « Tu veux bien être mon ami ? » Objet de toutes les attentions, entre demande en mariage et tendresse inhabituelle pour moi, massage et petits plats, j'ai cédé, comme des centaines d'autres avant moi, et je ne l'ai pas regretté car jamais je ne m'étais endormie en entendant : « On ne va pas se laisser séparer par le sommeil, je vais rêver que je te sauve la vie. » Jolie comédie dont aucun de nous n'était dupe mais qui m'aura enlevé des *a priori*, fait passer un bon moment et fourni le contact d'un conseiller technique que je solliciterai de temps en temps.

Au cours de mes voyages j'ai croisé d'autres butineurs, j'ai découvert ce que les filles vivent en colo ou en boîte de nuit avec les copines à l'adolescence. (Moi je n'étais jamais allée en boîte avant mes trente ans, gamine, j'avais pas le droit, ado, c'était pas mon truc et maquée, même quand les Straight Royeur y jouaient je ne traînais pas, je sentais trop mon mec sur les dents, estimant que ça n'était pas la place d'une fille correcte.) Sauf que je ne parviens pas à gérer les aventures d'un soir, j'ai tout de suite une parole de trop, un malheureux « à quand tu veux », un poli « si tu passes dans ma région, tu seras toujours le bienvenu », qui est pris au pied de la lettre.

Et ce genre d'histoire survit rarement à l'expatriation, un beau prof de plongée bronzé aux cheveux longs décolorés par le soleil, autant il peut avoir la classe quand il conduit son bateau, autant à la ville il a l'air d'une tarlouze ; un roi du flamenco n'a pas forcément de conversation, et un animateur marocain peut être agréable pour entrer dans tous les bars et boîtes de nuit de la Costa del Sol mais effrayant quand il envisage de s'installer à la maison et de chercher du travail dans l'Est de la France.

Le problème c'est que je ne sais pas arrêter une relation, donc je me suis retrouvée à la tête d'un cheptel improbable dont aucun membre ne maîtrisait suffisamment ma langue et ma culture pour envisager de partager davantage que mon lit mais je semblais la seule à en être consciente.

Ensuite j'ai tenté des histoires à lendemain, tout le monde avait l'air tellement désolé pour moi que je ne présente jamais personne et que je ne sois jamais accompagnée, je me suis laissée aller à revoir quelqu'un avec qui une soirée s'était agréablement déroulée, j'ai passé du temps avec ses amis qui étaient sympas, j'ai accepté de garder son fils qui était attachant, et je me suis retrouvée à laver son linge qui était encombrant, alors là je me suis reprise et j'ai réaffirmé mon indépendance.

Je l'ai quitté le jour où j'ai acheté mon manteau Chanel.

Il venait d'un pays en guerre et gagnait en un mois la moitié du prix du manteau, j'ai considéré ça comme une incompatibilité.

J'avais décidé de choisir mon camp, j'étais passée du côté des nantis et les problèmes ethno-politico-religieux m'intéressaient de moins en moins.

Bon, je l'avais déjà quitté le mois d'avant, le jour de son anniversaire, avec tellement de tact et de diplomatie (pas encore guérie de ma crainte physique des bonshommes) qu'il ne s'en était pas rendu compte. Il m'avait bien un peu écoutée mais ayant constaté que je continuais à apprécier sa chaleur dans mon lit et dans mon ventre il en avait conclu qu'on n'avait pas vraiment rompu.

En fait le manteau Chanel m'a rendue grave parano, j'ai tout le temps peur de le salir ou qu'on me le brûle avec une clope, j'ai bondi une fois comme une tigresse sur un gars qui sortait d'un restau où je dînais avec des amis parce que d'un coup je ne voyais plus mon manteau au vestiaire et que je m'étais persuadée qu'il avait dû l'enfiler sous le sien (logique !), je vous raconte pas la latche...

« Afrosurrealism for the Ladies »

(Keziah Jones)

J'avais découvert le plaisir de séduire, j'appréhendais l'attachement sentimental.

Je privilégiais la chair ferme et fraîche, les muscles noueux et la peau douce, à l'expérience. À partir de trente ans l'homme s'étoffe, se ramollit, et les poils ont poussé.

Et j'avais réalisé que j'exerçais moins de fascination sur les mecs de mon âge, ils n'étaient pas plus couillus dans l'approche que leurs benjamins, et je mettais moins spontanément leur manque d'élan sur le compte de leur timidité.

Répondant à l'invitation d'un galant touchante de maladresse et convaincante de constance (tous les mardis et samedis où je pouvais laisser mon fils, je recevais un sms) je me suis retrouvée à explorer les banlieues, *the place to be*, au moment où elles brûlaient, pour me faire dorloter après une journée particulièrement ingrate. Envoyée spéciale dans la plus grande barre d'Europe que le journal de vingt heures cite régulièrement en exemple car c'est la seule de France qui ne s'embrase jamais (faudrait qu'ils arrêtent de les faire passer pour des premiers de la classe ils risquent de s'énerver pour démentir) ; barre de béton dessinée par Le Corbusier qui s'étale sur des kilomètres sur les hauteurs de la ville, qui n'a aucun vis-à-vis, ce qui fait que seul face à l'horizon, on peut oublier qu'on est dans une cage à lapin entourée de milliers de semblables, c'est pas tant mal.

Véritable excursion anthropologique, puisque je n'avais pas mis les pieds dans une cité depuis cinq ans et dans celle-ci depuis quinze, maintenant j'ai une voiture à paillettes et un portable doré que j'exhibais avec ostentation pour suivre le parcours indiqué par mon hôte à l'autre bout du fil.

Et il ne m'est rien arrivé, les lascars en bas des tours m'ont saluée, les gamins m'ont ouvert la porte et le lendemain ma voiture n'avait pas brûlé.

Malgré la cour assidue dont je bénéficiais depuis des mois, il a bien failli ne rien m'arriver non plus chez ce nouveau chevalier servant, j'aurais certes passé une bonne soirée, j'avais découvert plein de bons sons, j'avais bien mangé bien bu bien fumé, mais aucune approche, aucun contact physique jusqu'à trois heures du mat où j'ai voulu partir. Là, il m'aurait à peine retenue si je n'avais pas immédiatement accepté de dormir sur place quand il l'a suggéré, et il a quand même fallu presque une heure pour qu'il me touche la main dans le lit, c'est bien simple, je m'endormais (non, je ne l'ai pas aidé parce que j'avais déjà fait l'effort de venir jusque-là, alors j'attendais tranquillement de voir comment il allait s'y prendre).

Une demi-heure plus tard on en était au bras, et

vers quatre heures il m'a caressé le dos. Heureusement que je ne devais pas me lever à l'aube !

Après, je n'ai pas bien compris si c'était l'émotion ou sa façon de faire (je me prenais pour Meryl Streep dans *Voyage au bout de l'enfer* quand elle couche avec Christopher Walken, les cinéphiles me suivront) il m'a à peine effleurée, du bout des lèvres, du bout des doigts, comme s'il n'osait pas vraiment. Même en moi il a à peine remué, jusqu'à ce que je prenne les choses en main parce que je commençais à rêver d'un vibromasseur. Et un vibro eût été plus maniable, car les modèles d'un mètre quatre-vingt-dix sont peu répandus, et puis plus maniable, parce que là l'animal tenait à garder le contrôle de la situation malgré tout.

Au final, je commençais à me demander si un mâle plus expérimenté quitte à être moins jeune et joli ne me ferait pas plus d'effet.

C'est pour ça que quand l'occasion s'est présentée, moitié par charité, moitié par faiblesse, moitié par curiosité (je sais ça fait trois moitiés mais c'est ma façon de nier le troisième motif), je me suis retrouvée à accepter de partager mon lit avec un lascar au demeurant fort sympathique mais qui ne m'attirait pas du tout.

C'était après une fête, j'avais cru comprendre dans mon immense crédulité que nous étions tous deux hébergés dans le même appartement, dans lequel il n'y avait qu'une chambre d'amis (le bougre habitait en fait juste à côté). Alors OK, ça n'aurait pas été sympa de le laisser dormir sur le canapé où il aurait été réveillé à l'aube par la maîtresse de maison (dans ma grande naïveté j'ai d'abord cru qu'il voulait qu'on échange, et je n'avais pas envie de prendre sa place), OK j'avais beaucoup trop bu et ça a diminué ma résistance une fois l'attaque déclarée, et même j'avoue, vu que ce ne sont pas les plus belles casseroles qui font les meilleures soupes, je me suis dit : « On ne sait jamais c'est peut-être un supercoup » ; mais tout de même, je n'avais pas mérité ça. Je suis désolée ça ne se fait pas de *tout* faire la première fois, ce n'est pas sympa de continuer quand la fille dort parce qu'un être vivant ne doit pas être confondu avec une poupée gonflable, et ça n'est carrément pas correct de péter au lit avec quelqu'un qu'on ne connaissait pas la veille !

On ne m'y reprendra plus, d'autant que piteuse, au matin, j'avais tenté de sauver la face en m'installant dans le fameux canapé (au réveil j'aurais dit : « Oh ! lala ! le boucan qu'il a fait votre pote avec sa copine dans la chambre cette nuit, elle est partie là ? »). Mon stratagème n'avait absolument pas fonctionné, toute la ville était déjà au courant quand j'avais ouvert un œil et en rigole encore.

« Got fists babe you've got brain,
you've some blood truly running
in your veins ! »

(Straight Royeur)

Quand j'ai débuté dans l'enseignement, n'étant pas sortie bien notée de l'école normale, puisque n'y ayant même pas mis un pied, j'ai écopé des postes qu'on ne se disputait pas et c'était souvent dans des quartiers « chauds », entendez avec des parents d'élèves bouillonnants. Les plus âgés de ma classe avaient presque l'âge des danseurs de mon groupe et j'avais du mal à mettre des barrières. Avec les furies qui me chahutaient parce que j'avais mis leur fils à l'amende, j'avais du mal à tenir mon rôle. Face aux menaces, demeurer à ma place de représentante de l'État, de l'ordre et de la moralité, me semblait irrationnel. Rester digne en toute situation, réagir aux crachats par une plainte à l'inspection académique en trois exemplaires sous huit jours, ça n'a jamais été trop mon truc. Je me suis emballée plus d'une fois et je ne pense pas que j'aurais été proposée au concours de maître formateur si je n'avais pas changé de région.

Puis je suis arrivée dans une école maternelle où les parents étaient respectueux, les collègues sympathiques et les enfants charmants. Je me suis même dit un instant que j'allais dénoter, mais j'avais mûri, je m'étais calmée et je pensais bien faire illusion, si d'entrée un fait divers n'avait révélé ma vraie nature.

C'était la prérentrée, on s'affairait chacune dans notre coin et la directrice se prenait la tête avec un ancien parent d'élèves signalé l'année précédente pour mauvais traitement sur ses enfants, qui avait écopé d'une enquête sociale pendant les vacances.

L'homme était hirsute, visiblement aviné et avait dû entretenir sa colère tout l'été.

Le ton montait et ils se rapprochaient de la classe où j'étais supposée m'installer.

En réalité j'étais prostrée à mon bureau, terrassée par le fait que mon amoureux de l'époque avait changé d'amoureuse. J'étais censée être cool, détachée, ne pas me raconter d'histoire (le temps de la légèreté), alors que pour sa visite de la veille j'avais fait séance d'UV (je sais, en plus c'est mauvais, je suis consciente des dangers pour l'épiderme, je suis totalement contre, si on me demande mon avis), épilation intégrale (cela est une œuvre de fiction, je nierai toute implication personnelle), masque à l'argile, brushing, tout ça pour lui préparer à manger, lui offrir à boire et le regarder évoluer dans ma cuisine avec ses mains graciles et ses yeux noisette.

Et puis à quatre heures du matin, il m'avait gentiment fait la bise et était parti sans se retourner. Je l'avais écouté me raconter l'amour de sa vie alors que ça me tordait le cœur, je l'avais laissé se féliciter sur notre belle amitié alors que ça me tordait le bide, et puis je l'ai laissé partir alors que ça me fendait l'âme.

Et, ce matin de prérentrée, je m'étais réveillée après trois heures de sommeil avec un moral plus bas que terre en ne pensant qu'à la prochaine fois où j'agirais différemment, en voulant déjà y être tout en sachant que ça ne se ferait pas.

C'est donc dans un état second que je m'étais intéressée au regroupement qui se tenait devant ma porte, mes nouvelles collègues faisant cercle autour du forcené ayant saisi la directrice au cou.

Désespérée, le cœur brisé, voyant peut-être là une occasion d'en finir, je me suis jetée sur l'individu enragé pour le ceinturer, tandis que les messages de rappel au calme fusaient de toutes parts mais que le visage de la directrice virait au bleu.

De surprise je pense, car je ne devais pas être bien effrayante, la colère de l'homme est retombée et, partageant ma torpeur, il s'est laissé reconduire à la porte que nous avions ensuite barricadée en attendant l'arrivée de la police.

Cet incident m'avait bien changé les idées, avait précipité mon intégration au sein d'une équipe déjà soudée et m'avait valu pour la première fois de me faire draguer par un officier de police qui, chargé de recueillir ma déposition, m'avait félicitée pour ma maîtrise du full contact et tenté de m'inviter à dîner (ça s'est reproduit depuis, sans les cheveux verts je plais encore plus aux flics).

Depuis, dans ma tête résonne la version de Tricky de *Wonder Woman*, mais j'essaye de pas trop me la péter.

« *Avanti popolo a la riscossa,*
bandera rossa trionfera ! »
(Chant révolutionnaire)

Le jour où un parfait inconnu me dit qu'il va prier pour mon fils, j'ai envie de lui raconter un peu qui je suis, comment ses copains m'ont lapidée dans ma jeunesse et comment je ne suis pas près de tendre l'autre joue.

Je ne vais pas tout à coup devenir copine avec les religieux parce que mon fils est handicapé, alors que d'aucuns m'ont suggéré à sa naissance que je payais pour mes péchés (ben Jésus il devait être drôlement déluré pour avoir tant ramassé alors !). Je voudrais que les gens comprennent que la compassion pue le mépris, autant que le bon esprit pue la connerie. Mon fils m'a demandé si la compassion c'était la passion des cons, il est en pleine période d'analyse du langage, il joue avec les mots, par exemple il explique à ses amis que « faire de la discrimination c'est être "discriminel", et que dans "discriminel" il y a criminel ».

J'en viendrais presque, quand je me suis levée du pied gauche comme aujourd'hui, à cracher à la gueule du prochain qui me dit qu'il prie.

Qu'est-ce qu'ils croient ces abrutis, que mon fils n'aura plus de problème parce qu'ils vont prier pour lui ? Eh bien qu'ils prient pour la paix dans le monde alors si ça marche, nous on se débrouille, on leur a rien demandé.

Et je m'en veux de toujours serrer les dents pour ne pas me mettre en rogne devant le gamin, quand estimerai-je qu'il a l'âge d'assister à une légitime explosion de rancœur ? Est-ce que ce n'est pas lui le premier humilié par ces offres de prières exubérantes et obscènes qu'on nous jette à la face comme si on faisait pitié ? Est-ce que, en déduction de mon silence, il ne va pas finir par croire que je pense qu'on les mérite ? Je ne sais pas si c'est à lui que s'adressent les prières (c'est toujours quand on se balade avec le fauteuil roulant, parce qu'il a mal aux jambes quand il marche trop, et là régulièrement on croise quelqu'un qui fait un signe de croix, pour qu'il retrouve l'usage de ses jambes sans doute, faut dire qu'un miraculé ça ferait une sacrée pub à la paroisse !) ou à moi (la pauvre fille qui doit pousser le fauteuil), je ne sais pas ce qu'ils s'imaginent savoir sur notre vie ces bons samaritains, juste sur l'instantané qu'ils chopent à notre passage, ça veut dire quoi, faut que je fasse gaffe à pas m'arrêter devant un magasin on me mettra des pièces dans la main ?

Non seulement je n'attends rien de leurs idoles (je ne veux rien devoir aux sectes, fussent-elles les plus puissantes du monde), mais en plus je suis convaincue de n'avoir aucun bienfait à retirer de tous ces curés, pasteurs et autres imams à qui je n'ai rien à envier. Il faut que je fasse bien attention à me tenir droite et à marcher la tête haute avec un sourire béat scotché sur la tronche, voire une pancarte « tout va bien ». Ils sont tellement lucides sur les motivations de leurs fidèles qu'ils voient en tout handicapé un client potentiel, comme si forcément quand on a besoin d'une béquille on se tournait vers la religion ; eh bien non messieurs-dames les culs-bénits nous n'avons pas plus besoin de vos prières et de vos bonnes pensées que ma voisine qui hurle sur ses gosses à longueur de journée, mon pote qui cherche du boulot depuis cinq ans ou ma copine que son mari trompe et ridiculise à tour de bras, sûrement moins que le clochard que vous méprisez ou le junk que vous blâmez, surtout moins que vous.

On n'a besoin de rien, on ne demande rien et on vous emmerde.

« *Ain't no sunshine when she's gone.* »
(Otis Redding)

C'est pas tous les jours Wonder Mother, malheureusement.

Parfois des doutes de mère me ramènent vite fait sur terre, et je fais moins la maligne.

Les moments où j'aspire à une épaule, c'est quand je me rends aux urgences comme ça en pleine nuit, que je dois avoir l'air cool, pas inquiète, pour rassurer le gamin et que je n'ai personne pour me rassurer, moi.

Pas que ce soit arrivé souvent, c'est même la première fois qu'on va à l'hôpital pour rien, la première fois que je prends un coup de speed alors qu'il n'y a rien de grave. Et là je me sens piteuse, comme une petite fille qui a crié au feu pour un peu de fumée, la peur est passée, les nerfs se relâchent, et cette même petite fille aimerait bien craquer, pouvoir pleurer dans les bras de quelqu'un et se faire consoler. Pas par une amie, une mère ou une sœur. Mais là je me souviens que mes principes s'opposent à ce que j'appelle à la rescousse un mâle qui s'imaginerait alors indispensable pilier de famille.

Non pas que je manifeste ici de la nostalgie, je n'ai jamais connu ça, même si dans ces moments-là j'aimerais pouvoir appeler le père de l'enfant et partager ma douleur avec lui, je sais que c'est ce que je lui reprochais quand nous étions encore ensemble, de ne pas m'offrir une épaule. Et cela même quand il avait encore la tête dessus.

Je n'ai jamais connu que des mecs qui n'avaient pas la carrure, même s'ils étaient pleins de bonne volonté, ou qui n'avaient pas envie de se charger, quand ils en auraient eu la force.

À chacun suffit sa peine, comme on dit (bien que j'entende plus souvent « chacun sa merde »).

Mais c'est dans ces moments-là où j'arrête de frimer, que j'accepterais toutes les prières du monde et tous les boulets qui voudraient nous accompagner pour jouer le rôle du père. Rien que le fait d'être allée aux urgences pour un creux dans le front et des maux de tête montre bien la fissure dans l'armure, je ne suis pas si solide que ça, le moindre symptôme m'ébranle. Je suis prête, à la première alerte, à traîner mon fils à minuit dans une salle d'attente froide et glauque, pour me rassurer, pour m'en remettre à d'autres, qui ne le connaissent pas, qui ne savent pas s'il avait ce creux au milieu du front avant, et qui me jaugent de l'air blasé qu'ils accordent à tous les flippés qui se déplacent en pleine nuit, pour un gosse qui tousse ou qui a un peu de fièvre.

Les hypocondriaques de base, les esseulés qui ne peuvent pas dormir.

Et ça me rappelle ces nuits passées aux urgences de Saint-Joseph à Lyon bien avant sa naissance, au milieu des clochards et de furieux menottés, pour les crises d'angoisse de son père, son ulcère à l'estomac, son déchirement de la plèvre, et cette ultime nuit où j'attendais avec ma fidèle Virginie qu'on recouse mon doigt pendouillant du fait de la bière de trop qui avait réveillé Mr. Hyde en lui. Je m'étais éclipsée d'une fête ayant viré au cauchemar, le laissant faire son supersordo show, le laissant mettre à sac la maison des potes qui nous recevaient pour l'anniversaire de la grande. On avait pris la route toutes les deux direction les urgences et j'avais failli perdre mon doigt, néanmoins j'avais pardonné, encore une fois.

Enfin, je ne tenais pas spécialement à raviver ces souvenirs mais il n'y a pas d'école demain et il n'y avait rien à la télé ce soir...

« *Pimp* »
(50 Cent)

Je me dis qu'il faut que je change d'idéal masculin : **l'inventeur du fil à couper le beurre ne devait pas être un triangle**

L'un des avantages de vivre seule est de pouvoir regarder les conneries qu'on veut à la télé sans avoir à justifier leur intérêt didactique, et même de pouvoir en trouver aux plus pathétiques. On peut par exemple étudier d'un point de vue linguistique « L'île de la tentation » et noter un appauvrissement général du vocabulaire et de la syntaxe des participants. Au niveau de l'analyse du français parlé c'est intéressant, de nouveaux phénomènes d'allomorphie envahissent la langue, de plus en plus de « gens qui-z-habitent » de « trucs qui-z-existent », peut-être que la jeune génération va les intégrer comme les « donne-moi-z-en » et « amène-moi-z-y » ?

On peut également remarquer que tous les tentateurs semblent être des lascars de banlieue, ce qui, ajouté à l'article des *Inrocks* sur le mec qui fait du *X* gay en recrutant dans les cités des gars qui se disent hétéro (parce que actifs, la nuance semble importante), me donne des idées comme manager une écurie d'étalons.

J'en connais quelques-uns que je pourrais rappeler déjà.

Au moins si tous mes rancards foireux pouvaient se révéler avoir une utilité... Comme certains craquent sur les blondes à gros seins, je m'étais spécialisée dans le jeune et beau Black taillé en triangle, et quand on choisit quelqu'un sur son physique, on ne le choisit pas pour son intellect.

Alors faisant fi des *a priori*, refusant l'adage « qui se ressemble s'assemble » et négligeant même ce qui pouvait être considéré comme des indices alarmants, j'ai repoussé loin les limites de la tolérance et j'ai rencontré toutes sortes de coquilles vides. Coluche disait que le problème avec l'intelligence c'est que « vu que c'est avec ça qu'on juge, moins on en a, plus on trouve qu'on en a assez »... j'ai fréquenté plusieurs gars assez contents d'eux.

Je me suis retrouvée par exemple un matin à expliquer à un grand rasta nu dans ma cuisine que j'aimais les gens passionnés, et que, par conséquent, je ne pourrais pas partager le quotidien de quelqu'un dont la principale occupation était de fumer, et quand il m'a répondu qu'il avait une passion dans la vie puisque jamais il ne louperait son PMU du dimanche, au lieu de lui dire : « voilà le problème ! », je me suis creusé la tête pour trouver une fois où j'avais acheté un truc à gratter ou un ticket de Loto, pour ne pas avoir l'air de rabaisser son violon d'Ingres. Ne pas juger, ne pas rejeter, revient parfois à s'embourber.

Une autre fois, il m'a été extrêmement difficile de faire comprendre à un adulte moins mature que mon fils que je ne voulais pas être sa compagne pour la vie, même si j'avais cédé un soir à la tentation. J'aurais dû me douter, en succombant à François Pignon que j'allais le regretter, car au pays de Oui-Oui, « on ne couche pas avec quelqu'un si on ne l'aime pas d'amour ». Il me rappelait sans cesse, voulait tout savoir de ma vie, avait hâte que je le présente à mes parents. En fait il avait peur que je ne voie en lui que « le moyen d'assouvir mes besoins sexuels », c'est là que j'aurais dû avoir les couilles de répondre « et alors, où est le problème ? », mais je n'en ai pas, je n'assumais pas d'avoir juste profité de son corps (il était taillé comme une statue, tout en muscles saillants). À ma place bien des mecs auraient fait pareil, genre un peu laisser imaginer pour parvenir à leurs fins... mais il faut croire que c'est l'apanage d'un seul sexe de séduire pour le plaisir, de tirer parti d'une opportunité sans projet de lendemain. Ne dit-on pas d'un homme qu'il honore une femme et d'une femme qu'elle s'est fait baiser, comme si l'offrande masculine aussi grandiose soit-elle devait toujours être subie ? Comme s'il était forcément dévirilisant d'être apprécié pour son physique.

Après avoir tenté de raisonner mon François Pignon, j'avais compris qu'il était vain de faire appel à sa compréhension. La froideur, il ne la percevait pas, l'éloignement, il le prenait pour de la timidité, la dureté, il l'attribuait à ma mauvaise humeur, les insultes mêmes, il ne les prenait pas pour lui, mes paroles lui glissaient dessus. Après lui avoir le plus clairement possible décrit mon ras le bol, mon étouffement, mon début d'aversion, en utilisant des mots simples et en prenant un air fâché, je l'ai vu réfléchir et souffler avant de me répondre : « Ouf, un moment, j'avoue, j'ai cru que tu ne voulais plus me voir, j'ai failli mal le prendre. » Là, ma colère s'est envolée, j'avais l'impression de vivre *Le Dîner de cons* en *live* dans mon salon, impossible de lui en vouloir, je sentais monter un fou rire nerveux. J'ai repris au début, calmement, avec des gestes cette fois et, là, j'ai vu une lueur dans son regard, comme une nouvelle idée qui allait me clouer le bec, et les lèvres pincées il m'a énoncé son point de vue : il ne voyait pas pourquoi c'est moi qui déciderais qu'on se voie ou non (« c'est pas toi la chef ! »), là il y a eu un blanc, je suis restée sans voix, je cherchais les caméras.

J'ai failli faire de l'humour, genre « moi je veux une histoire avec Thierry Henry et je ne vois effectivement pas pourquoi il déciderait qu'on ne soit pas ensemble », c'est vrai ce serait tellement mieux un monde où on aurait tout ce qu'on veut, ça doit être le même où on bouge le nez et on est transporté où on veut aller, mais j'ai laissé tomber pour lui expliquer patiemment qu'« il faut être deux pour se voir, mais qu'il suffit qu'une des deux personnes ne veuille plus voir l'autre, pour que la relation s'arrête ».

Je pense que j'ai dû battre un genre de record quand même cette fois-là.

À un moment, j'ai cru avoir rencontré le gentil-intelligent-sociable-tendre-beau et drôle auquel je pourrais m'attacher. Mais en dialogue ordinaire du matin ça donnait à peu près ça :

— C'est de la confiture de cerises ?

— Non, de framboises.

— Ah (déçu, limite miné) j'espérais que c'était fraise ou cerise...

— Mais j'en ai de la fraise si tu veux.

— Non j'aime que la confiture de cerises. Laisse tomber, je vais pas déjeuner tant pis.

Je ne sais pas si la tension qui émanait de cet échange est palpable à l'écrit mais c'est le genre de pinaillerie qui me met les nerfs en pelote au réveil. C'était seulement le troisième petit déjeuner que nous prenions ensemble, on aurait dû en être encore aux « chabadabada » en se bisouillant par-dessus un café fumant et on en était déjà à se jeter des regards lourds de reproche et des moues dégoûtées pour une histoire de confiture.

Je n'avais pas quitté le père de mon fils pour devoir à nouveau évaluer du coin de l'œil l'humeur d'un tiers avant de savoir si j'allais passer une bonne journée ou si la moindre respiration allait s'avérer pesante.

Ce mec voulait toujours ce que je n'avais pas, il arrivait le ventre plein pour dîner, n'avait jamais envie de goûter ce que j'avais préparé, il avait envie du rhum-quinze-ans-d'âge qu'il avait laissé chez lui, besoin de fumer de l'herbe mais n'en apportait pas. Né pour me contrarier, ou envoyé par un ex qui voulait se venger, je ne saurai jamais. Lui non plus n'a pourtant pas compris que je préfère ma solitude à sa compagnie et il a fallu que je me transforme en mégère pour qu'il cesse de venir traîner son mal de vivre dans mon salon.

La vie m'a donné l'opportunité de jouer plusieurs histoires et je n'ai pas envie d'endosser toujours le même personnage, j'ai été dans la peau d'une sainte, je trouve intéressant d'être dans celle d'une garce, non que ce soit tellement plus facile finalement, je dois lutter contre ma vraie nature, mais pour un temps ça change.

On perçoit d'autant mieux à vivre différents rôles que tout n'est qu'une histoire de costume et d'apparence.

Dans ma nouvelle vie je sors, je danse, je bois, je parle de cul avec mes copines, et même avec mes copains, gay ou hétéro, qui me prennent pour une experte et viennent me consulter, j'ai des amants auxquels je ne m'attache pas et je suis presque blonde.

Je n'ai pas envie que mon existence soit un éternel recommencement, les mêmes scènes jouées par d'autres acteurs dans les rôles secondaires. Ce que j'ai vécu avec le père de mon fils, je n'ai besoin de le revivre avec personne d'autre. Et pas seulement les mauvais moments, même les bons, je préfère qu'ils soient uniques.

Avec personne d'autre, je ne me vois marcher dans la nature pour promener le chien, aller manger le dimanche dans une famille d'adoption, si cool soit-elle, regarder des films à la télé enlacés sur le canapé ou faire un bébé. Je crois.

Ça aurait trop un goût de déjà vécu.

Tandis que les mecs que je rencontre, je n'ai pas l'impression qu'ils veuillent que leur vie change finalement, on change l'actrice et on recommence tout pareil ce qui a foiré avant, comment peut-on y croire ?

Dans ma nouvelle vie, j'assume ma féminité et je ne me cache plus derrière le charisme ombrageux et rassurant de mes copines viriles. Mes rapports avec la grande ont évolué vers moins de mimétisme, elle ne préserve plus mon innocence et je comprends mieux son côté obscur. Et même si elle reste mon meilleur soutien et qu'on continue de se voir régulièrement, elle est pour toujours et à jamais la marraine de mon fils et prend cette mission très à cœur, la vie nous a géographiquement séparées et faute de parrain j'ai trouvé une « parraine » qui est mon amie au quotidien. Dans ma nouvelle vie ma copine est une pin-up à chaussures pointues et jean slim, qui n'a jamais connu les squats et n'écoute pas de rap. Celle qu'on appelle « la blonde » met du 34, ne sort même pas la poubelle sans maquillage et reçoit comme Nadine de Rothschild. Mais je suis grande maintenant moi aussi et je ne pense plus que le vernis à ongles entache la crédibilité intellectuelle, j'ai compris que ça n'est pas de calquer notre apparence physique sur les mecs qui nous donnera leur force.

La blonde, quand je l'amène dans le bar à punks qui est décrit dans *Bye bye Blondie*, on ne la sert pas, on l'envoie d'une pichenette dédaigneuse au salon de thé et on me demande parfois ce que je fais avec Paris Hilton. Pourtant elle lève le coude plus prestement que moi et elle peut marcher des heures sous la pluie en talons sans moufter, elle peut perdre un litre de sang sans appeler à l'aide et aller bosser après une nuit blanche en ayant préparé le petit déjeuner pour tout le monde. Elle a toujours non seulement la bonne recette et le bon goût mais aussi la bonne analyse et la bonne référence quand on lui demande sérieusement son avis.

Mais je continuerai de l'appeler « la blonde », même s'il lui vient à l'idée d'arrêter de fumer, de prendre dix kilos et de se couper les cheveux, tant qu'elle sera capable de me répondre quand je lui dis que j'ai peur d'être enceinte : « Moi aussi j'ai mal aux miches, tu crois qu'on a mangé un truc qu'il fallait pas ? », des perles de blonde quoi.

« *And when I get that feeling,*
I want sexual healings. »
(Marvin Gaye remixé par Shaggy)

Après la crise d'ado de la trentaine, je suis passée assez rapidement de femme adulte à femme adultère.

J'étais retombée dans le piège du couple quasiment à l'insu de mon plein gré, on a beau dire, socialement c'est arrangeant, quotidiennement c'est commode, affectueusement c'est agréable, globalement c'est rassurant d'avoir un homme à la maison. Alors, quand la blonde m'avait arrangé une rencontre avec son collègue à qui je plaisais et qu'elle considérait comme le mari idéal (mais pas pour elle) j'en étais venue à passer un contrat avec lui : puisqu'on a tous les deux envie de se poser, puisqu'on s'entend bien, on n'a qu'à se mettre ensemble.

Ce n'était pas très passionnel mais je me disais qu'il y a plusieurs formes d'attachement et que l'amour en découlerait peut-être après.

C'était le parfait opposé de mon passé, aussi loin du père de mon fils que la Chine peut être loin du Maghreb. On n'avait rien en commun, je crois même qu'il était de droite (ou centriste, comme on dit maintenant). Il concrétisait ma volonté de changer, de me ranger, il était rationaliste et raisonnable, de formation scientifique il était organisé, cultivé, drôle, sain et sportif.

C'était l'homme du non-excès. Il s'appelait Christian. C'était l'homme qu'il me fallait.

Il me faisait des listes (j'ai gardé l'habitude mais je ne peux m'empêcher d'enjoliver la réalité sur mes listes, tant et si bien qu'elles nécessitent autant d'efforts à traduire, que si je devais me remémorer ce que j'ai à faire sans aide), il gérait mon budget (sans succès), il a fait le ménage dans ma tête, et dans ma vie (pas dans ma maison néanmoins, même s'il était maniaque il s'est contenté de conseils sur ce plan).

On est assez vite tombé dans la routine, Christian avait un emploi du temps chargé, un travail pour se nourrir et l'escrime pour le plaisir, en cours, en stage, en compétition. On se voyait d'abord le mardi soir et le week-end, quand je pouvais laisser mon fils à mes parents, puis on a fini par tout faire ensemble, et il s'est installé à la maison. Enfin, il a posé sa valise, mais je ne lui ai jamais vraiment fait de place pour qu'il la vide. J'étais respectueuse mais pas fascinée, empathique mais pas admirative, aimante mais pas amoureuse.

C'est pourquoi je pense, au départ par taquinerie un peu revancharde, par jeu, j'ai répondu aux relances de l'autre, le malin, le démoniaque, « chetan », qui titillait mon côté obscur. J'avais trop l'impression d'avoir renoncé à vibrer, j'avais encore des conflits internes à régler avec la notion de couple.

Puis ça a été comme un défi, un pari avec moi-même et une dernière carte à jouer pour finir une partie entamée deux ans auparavant.

Retour deux ans plus tôt : j'avais rencontré un beau diable sur le net (chetan aurait pu être son pseudo), je m'encanaillais, il s'aguerrissait.

On parlait la même langue : *Carpe diem.*

J'ai tout de suite été engloutie dans un malentendu, ça a immédiatement été torride, je voulais quitter mon auréole et oublier onze ans d'islam, j'ai été piégée à mon propre jeu, il m'a prise pour une folle du cul. Je n'avais jamais connu ça : il me faisait trembler de la tête aux pieds.

Il se disait basketteur professionnel, globe-trotter et aventurier (non pas que je sois le moins du monde attirée par le sport, mais j'y suis moins allergique qu'à l'armée, il l'avait compris).

Il était jeune, il était beau, il sentait bon le sable chaud, c'est quoi déjà la suite de la chanson, mon militaire ? Malgré la passion qui nous dévorait et l'entente parfaite qui nous unissait, il se montrait étonnamment peu disponible. Au début ça m'arrangeait qu'il ait une vie, un métier, des activités, mais assez vite ça m'a rendue folle. Je ne dormais plus, je ne pensais plus qu'à lui, je ne vivais que pour ses appels et l'attente de ses visites, je passais la journée à essayer de le joindre et à lui laisser des messages ridicules, puis d'autres pour m'en excuser. Je ne parlais que de lui mais ni la grande, ni la blonde, ni aucun de mes proches n'avait rencontré celui qui paraissait de plus en plus s'apparenter à un fantôme.

J'ai atteint des sommets d'hystérie (rentrée, toujours

en interne, jamais extérioriser la fureur pour ne pas le perdre, ce sont mes copines qui ont fait les frais de ma colère, lui me prend pour un modèle de zenitude) quand il a avoué qu'il avait en fait une femme, un petit garçon, et qu'il était militaire de carrière (tout ça évidemment indépendamment de sa volonté et en passe de transformation. En fait d'évolution, c'est non vers le divorce mais vers un second enfant qu'il s'est dirigé depuis et je ne pense pas qu'il envisage de quitter l'armée).

Le masque était tombé, l'oiseau retourné au nid, j'essayais de me remettre de cette rencontre fulgurante avec l'amant le plus exceptionnel que la terre m'ait porté, j'avais même cessé de relire *La Poursuite du bonheur* de Douglas Kennedy en pleurant (l'héroïne fait une rencontre un soir qui va bouleverser sa vie jusqu'à trois générations et pas du tout celle d'un type qui la saute et puis l'oublie, celle de l'Amour de sa vie, bon dans le livre il n'a pas dix ans de moins qu'elle et n'est pas marié-deux-enfants, mais à part ça c'est tout pareil), quand il a fait réapparition.

Chaque fois, depuis deux ans, que je l'ai oublié, en nageant avec les dauphins à la Réunion ou en dansant la salsa à Barcelone, il m'a relancée avec des messages languissants de sa voix tellement sexe que, même à la Réunion en train de danser la salsa avec des dauphins, je ne pouvais résister. Car cette voix réveille automatiquement des souvenirs de sensations inoubliables et inégalables qui me donnent la chair de poule.

Au jour où j'étais censée avoir déniché l'âme sœur (c'est comme ça qu'ils disent sur Meetic) en la personne de Christian et que je faisais semblant d'y croire, mon ange noir est venu pervertir mon équilibre. Je me tenais bien tranquille jusqu'à ce que je reçoive ces photos irrésistibles de son sourire ultra-brite et de son torse d'Apollon et que je me mette en tête de le faire marner, « maintenant que je n'avais plus besoin de lui », maintenant que je n'étais plus disponible.

On peut dire *a posteriori* que j'ai perdu mon pari, j'ai cédé à la tentation, avec un physique ordinaire, quelques années et quelques kilos en trop, devant un corps de rêve et la virilité incarnée, je ne pouvais réagir que comme un homme normal devant une allumeuse blonde à gros seins, la chair est faible hélas.

Et, malgré ce qu'on dit, c'est comme quand on fait pipi dans l'eau à la piscine : il n'y a pas de traînée fluo qui apparaît, en vérité personne ne le sait si on ne l'avoue pas.

« *I'm Miss World,*
watch me break and watch me burn. »
(Hole)

Alors ça y est, la rentrée m'est passée dessus. J'ai mal au dos, j'ai la migraine, je suis fatiguée. Parce que déjà, je dois surveiller les devoirs de ma progéniture en calant le téléphone sous ma joue pendant que ma copine me raconte en pleurant sa douzième rupture de l'année et que je touille la sauce tomate en me demandant comment je vais trouver le temps de préparer ma classe du lendemain, alors quand en plus ce grand moralisateur de sept ans que la société éduque contre mon gré m'explique que je pollue la planète avec ma fumée, je pète les plombs et raccroche pratiquement au nez de ma copine (j'en ai un peu profité, j'avoue, je ne savais plus quoi lui répondre) pour lui rappeler qui est l'enfant et qui est l'adulte. Et je ne suis pas peu fière de lui arracher un « OK, je m'excuse », quand je me rends compte qu'un torchon brûle à côté de la casserole et qu'effectivement ça fait beaucoup de fumée dans mon dos.

Alors je me sens piteuse et je me demande si je ne suis pas en train de me laisser dépasser par ma vie...

J'essaye de ne pas me laisser aller mais j'en ai vraiment très marre.

Marre de me lever tous les matins, après avoir été réveillée toutes les nuits par un gone qui ne dort pas trois heures d'affilée (quand j'entends des mères qui disent : « Oh j'en peux plus il a quatre mois il fait toujours pas ses nuits », j'ai toujours envie de dégainer parce que moi ça fait *sept ans* qu'il ne fait pas ses nuits) et souvent re-réveillée par l'amoureux qui n'a pas envie de dormir (OK c'est plus agréable mais j'en ai quand même marre que ce soit *toutes* les nuits, j'ai plus vingt ans que diable).

Marre de me lever à la même heure pour retrouver au même moment les mêmes excités que la veille (parlent toujours de réforme, jamais ils y pensent à un emploi du temps variant en fonction des saisons et des individus, j'ai jamais été du matin moi, c'est pas parce que je dois montrer l'exemple que je vais réussir à arriver à l'heure et de bonne humeur), marre de devoir répéter dix fois la même chose pour me faire entendre, aux enfants comme aux grands, alors là immense lassitude à ce sujet...

Où est mon âme sœur télépathe ? Je rêve de pouvoir par un simple contact transmettre tout mon vécu sans avoir à le raconter en détail. (J'avais beaucoup aimé cette théorie des fourmis de Bernard Werber.)

Marre de devoir me laver les cheveux tous les deux jours même avec des shampooings « longue durée » qui coûtent la peau du cul, et qui en fait ont pour différence juste de coûter la peau du cul. Quelle perte de temps, et c'est toujours quand j'ai du shampooing à trente euros plein les yeux que je reçois *le* coup de fil que j'attendais, et avant d'avoir pu décrocher j'ai mis de l'eau partout et éclaté le téléphone par terre.

Marre de rêver de régime toutes les nuits en ayant eu toute la soirée du chocolat plein la bouche, alors que le contraire serait tellement plus efficace : faire régime et rêver de chocolat.

« You Give me Fever »
(Peggy Lee)

Le problème, quand on veut jouer le rôle de la garce alors qu'on n'est pas taillée pour le costume, c'est qu'on s'autoflagelle jusqu'à somatiser, et dès que j'ai franchi la barrière de l'adultère, la punition est tombée, genre : « tu souffriras par où tu as joui » : infection urinaire le lendemain de la visite du chetan dans mon nid d'amour. Carabinée, l'infection, avec 40 ° de fièvre, tremblements, douleur fulgurante, la totale. Mais du coup, qui dit malade dit arrêt maladie, donc oisiveté, parfaites dispositions pour se laisser aller, fantasmer, envoyer des sms, téléphoner et, au final, prendre rendez-vous. Donc un degré était franchi dans la traîtrise, si le premier péché pouvait être absous, presque commis par mégarde (je voulais juste lui montrer comme je vivais bien son absence, je voulais juste me prouver qu'il ne me faisait plus tant d'effet, quand est-ce que ça a dérapé ?), le prochain s'annonçait impardonnable, il y avait cette fois préméditation...

C'est ainsi que je me suis retrouvée un beau matin, dans ma voiture qui sent la sardine (une fuite d'huile goutte sur le pot d'échappement en produisant une forte odeur de friture) pour rejoindre mon amant en déplacement, loin de mon foyer, sucré foyer.

Il y a bien eu un moment où les remords ont pris le pas sur l'excitation, grâce à l'intervention de la blonde qui m'a prise en flagrant délit (elle m'a téléphoné, j'ai bien tenté de lui dire que j'allais faire des courses mais elle a reniflé le boniment) et qui veille au bon fonctionnement de mon couple dont elle se sent un peu à l'origine.

J'ai fait demi-tour sur la nationale, puis je suis finalement repartie acheter un billet de train, l'envie était trop forte.

Tout de suite après je me suis dit : « C'est bien beau l'effet de surprise, et si je n'arrive pas à le joindre, une fois sur place ? Si je ne le trouve pas ? S'il est avec une autre ? S'il m'a menti sur toute la ligne et qu'il n'est pas du tout là-bas ? S'il a changé d'avis ? Si on nous découvre ? Si le ciel me tombe sur la tête ? »

C'est après l'avoir appelé pour lui annoncer mon arrivée sans réussir à lui parler directement que j'ai annulé mon billet, c'était trop risqué. Là il m'a rappelée, surexcité, trop content que j'arrive, donc j'ai recommandé un billet (sachant que je perdais déjà pas mal de sous sur le premier), parce qu'il aurait été trop déçu, et avec tout ça je ne m'étais pas préparée, d'où l'obligation de prendre ma voiture pour aller à la gare sans quoi j'aurais raté le train... bilan de la visite express : deux billets aller, un retour, trois contraventions sur mon pare-brise au retour, pour six heures passées ensemble, je me console en me disant que je n'ai pas payé l'hôtel !

En général, il faudrait que je sois moins impulsive, ou plus ferme dans mes décisions.

Mais ça aurait pu se passer plus mal, la dernière fois que j'ai voulu faire une surprise à un mec, j'étais arrivée devant sa fenêtre pile-poil au moment où il expliquait à son pote au téléphone à quel point ça le ferait chier de me voir débarquer...

Il n'y avait plus de train le soir même, j'ai usé de ma fameuse tactique du comme-si-de-rien-n'était, un malaise a flotté dans l'air un moment puis on a finalement passé une bonne soirée.

Le lendemain, comme il ne comprenait pas que je reparte déjà, je lui ai tout répété, il était plus gêné que moi, on en a bien ri, mais je suis partie quand même.

Ce qui est sympa avec ces trains corail qui s'arrêtent à toutes les gares et mettent cinq heures à faire trois cents bornes, c'est que ça laisse le temps de réfléchir, de se poser des questions.

Qu'est-ce qui fait que, dès qu'on l'obtient sans mal, l'objet convoité nous fait moins envie ? Qu'est-ce qui fait que, dès qu'une histoire se passe bien, on lui cherche des poux ? Pourquoi a-t-on à ce point besoin de l'interdit, du tabou, de la complication pour s'émoustiller ?

Personnellement, j'aurai finalement voué une énergie improbable à pimenter toutes les relations qui auraient pu être tranquilles, à un point qui frôle le sabordage. À commencer par cette jolie histoire avec Christian salie pour l'attraction démoniaque d'un homme marié, sortir de l'autoroute pour un chemin de traverse d'accord, mais pour une impasse, pour foncer droit dans le mur, quel intérêt ?

Quand la route s'étire, ça laisse le temps de se faire des films aussi, je visualisais ce qui m'attendait. Je me voyais comme Fanny Ardant, lovée sur le grand lit douillet, emmitouflée dans le luxueux peignoir trouvé dans la salle de bains et grappillant dans la coupe de fruits posée sur la table de nuit, quand elle attend son amant pour faire sauter le bouchon du champagne, au son de Barry White (je crois que j'invente le film au fur et à mesure là).

Mais il n'y avait même pas de salle de bains dans cette chambre froide et impersonnelle, j'ai attendu assise, sans ôter mon manteau, faisant plutôt penser à Josiane Balasko. Le chetan est arrivé en uniforme, et moi ça ne me fait pas fantasmer l'uniforme, il avait apporté du champagne mais il était tiède, et les coupes n'ayant pas survécu au transport on l'a bu dans les verres à dents, sans pouvoir occulter qu'on était dans un hôtel de basse chaîne dans une zone industrielle, un jour de pluie au fond d'une banlieue du Nord.

Et ce fut glauque à souhait, de quoi bien me faire peser mon insanité.

Alors, histoire d'amortir les trente euros qui donnent droit à vingt-quatre heures dans ce somptueux décor, je suis restée dans la chambre pour finir le champ', parce que j'aime pas gâcher.

J'aimerais dire que ça a été la fin de cette parodie de relation mais même pas.

« Fight the power !
We got to fight the power that be. »
(Public Enemy)

« Parce que la colère est un meilleur moteur que les pleurs. »

En tant qu'enseignante, je suis « inspectable », c'est-à-dire évaluable par mon supérieur hiérarchique qui prévient un matin qu'il viendra dans les quinze jours juger mon travail sur un moment de la journée. Ça peut se passer plus ou moins bien, en fonction pas tant de l'activité présentée que de l'état d'esprit de l'inspecteur.

Il existait dans ma jeunesse un mouvement d'opposition à ce procédé auquel j'ai adhéré un temps mais on n'a rien à gagner à jouer les don Quichotte, l'institution écrase les renégats et si on ne veut pas faire toute sa carrière à Vaulx-en-Velin, il faut accepter de rentrer dans le système.

Dans mon cas ça s'est mal passé. Ça avait déjà mal commencé, la veille.

Paraît que je cherche la merde à toujours traîner avec des gens de couleur, c'est ce que m'a dit un collègue (vietnamien) à qui je racontais ce qui m'est arrivé : je revenais de l'école où j'avais tout préparé pour mon inspection avec un pote serviable, et de couleur donc (je ne sais pas si on dit « de couleur » pour quelqu'un de type maghrébin, en fait je ne le pense pas mais mon collègue devait croire qu'« arabe » était un gros mot), lorsqu'une voiture a pris la fuite après nous avoir copieusement emplafonnés.

Mon ami, allaité à *Starsky et Hutch*, a voulu la rattraper et c'est sa R5 pourrie qui s'est fait arrêter par la police tandis que la BM s'éloignait tranquillement. Là ces messieurs de la maréchaussée ont trouvé que mon basané ressemblait pile-poil à un autre recherché pour braquage et l'ont embarqué pour la nuit, vraiment une parodie de mauvais film avec des dialogues aussi caricaturaux que « on peut pas être sûrs chef, ils se ressemblent tous » et « j'appelle ton avocat, ils s'excuseront dans une heure » (un dimanche à vingt-trois heures, vu qu'ils peuvent pas savoir qu'on a un pote avocat, c'est malin, ça le fait pas passer pour un malfrat !).

Et comme personne ne pouvait rien faire avant la fin de la garde à vue, je suis rentrée à pied faire les cent pas jusqu'au matin, bon état d'esprit pour aborder l'inspection, n'est-il pas ?

Avec ma chance, le lendemain à huit heures quarante une inspectrice est venue observer mon fonctionnement en classe.

À huit heures quarante précises, alors que je suis levée depuis environ vingt minutes (je ne suis pas matinale et j'habite à côté de l'école), que nous sommes les uns et les autres en phase d'éveil genre on s'étire, on prend nos marques, on se salue tranquillement, ce que les enfants comprennent d'instinct, mais pas elle.

Elle c'est Mme Parfaite, elle doit se lever à six heures, astiquer à fond son pavillon de banlieue avant de réveiller sa petite famille et de conduire ses enfants parfaits dans leur école modèle, tout ça sans s'autoriser à avaler le moindre café ni gâteau, car la faim attise la férocité. Là-dessus, elle a dû tourner un bon moment pour se garer (sans quoi elle aurait pu avoir un début d'orgasme en me surprenant au saut du lit et aurait pu constater que je n'étais pas à mon poste à la seconde précise où s'ouvrent pourtant les portes de l'école) et là j'étais foutue : elle était de mauvaise humeur.

Elle m'a glacialement saluée, sournoisement observée, tapotant son bloc-notes du bout de son crayon rageusement taillé, répondant aux gamins qui lui disaient : « Comment tu t'appelles ? » par : « Appelez-moi madame. »

Son exaspération est montée autant que la rougeur sur son visage, de huit heures quarante à neuf heures (heure à laquelle toute classe de maternelle française commence à travailler, sauf les fayots quand ils sont inspectés) et, là, elle a éructé qu'elle en avait assez vu et j'en ai pris plein la tête pendant une heure trente.

Car rien n'allait, ni les locaux, ni la déco, ni mon fonctionnement, ni mon emploi du temps, ni ma personne, pas plus que ma façon de parler ou de me tenir.

Mon « manque de rigueur à l'égard de ces enfants bruyants et désordonnés » lui avait mis les nerfs en pelote.

Voilà, ça s'appelle une inspection, c'est le seul retour que les enseignants peuvent avoir de leur travail, c'est elle qui rend compte de leur valeur, c'est censé être formateur et surtout ça joue sur la note, sur la promotion, sur le mouvement, sur la paye.

Après une période de dépression où parents d'élèves et collègues avaient dû rivaliser d'attention pour m'éviter de démissionner et d'abandonner mon fils (la si mauvaise femme qu'elle avait perçue en moi ne pouvait pas non plus être une bonne mère, elle avait bien dit que j'étais « malfaisante et nocive, n'y entendant rien aux enfants en *général* »), j'avais fini par me rendre compte que si elle notait dans un rapport le quart des critiques personnelles et absolument pas professionnelles qu'elle m'avait faites (je dois m'excuser d'être grande et de ne pas avoir la voix douce et caressante incarnant son fantasme d'instit, de rendre la France obèse en donnant du lait à dix heures, d'humilier les enfants en devant faire l'appel pour m'assurer de leur présence, j'en passe et des meilleures) je pouvais l'attaquer au tribunal administratif, mais, finalement, elle a préféré tout oublier et revenir ultérieurement... royale !

Deuxième round annoncé donc... mais je n'étais pas tellement inquiète car ça ne pouvait pas être pis que cette fois-là, au moins elle ne me surprendrait plus, je répétais des cascades pour me rouler en boule sous le bureau si elle recommençait à m'insulter et je regardais en boucle la scène de *Fight Club* où le bel Edward se marrave tout seul pour faire croire que son patron l'a frappé, on verrait laquelle de nous deux finirait enfermée !

« C'est le diable que j'aimais. »
(Édith Piaf)

C'est l'histoire d'une fille qui est furieuse parce qu'elle a découvert que son amant cherche à la tromper avec une autre, en plus de sa femme.

C'est du pur vaudeville : le chetan, toujours lui, s'est remis à traquer de manière éhontée sur le Net, mentant une nouvelle fois sur sa situation et ses attentes.

Il savait bien le malin / Qu'il tenait dans ses mains / Le destin d'une fille...

Alors, après avoir tenté de lui faire un scandale n'ayant engendré que sarcasmes, au lieu d'ouvrir les yeux sur le sagouin, après une ridicule remise en question personnelle (genre « pourquoi je ne lui suffis plus, qu'est-ce que j'ai fait ? Ça, c'est parce que j'ai pris deux kilos cet été... ») j'ai créé un profil sur le site où il racole, avec une photo bidon, pour lui tendre un piège.

L'animal a rapidement mordu à l'hameçon et il m'a fallu emprunter une voix et un numéro de portable pour finaliser le guet-apens...

Je ne saurais dire quel était mon objectif, dire que je tentais de me dégoûter de lui me paraît mensonger (on le serait déjà à moins), voir s'il irait au bout (il dit qu'il a juste besoin d'allumer, une soif inassouvie de plaire) me semble superflu, néanmoins ce projet m'obsédait. La grande a tenté moult diversions pour me faire oublier ces histoires de craquettes, elle m'a invitée à des cocktails et des vernissages et m'a présenté des célibataires, je revenais toujours à mon enquête sur Internet, est-ce qu'une part de moi est beauf, martiale et sournoise ?

Dans la peau de cette fille je suis passée des larmes au rire en passant par la peur et la rage. C'est amoral et puéril, peut-être même dégradant, mais il n'empêche qu'à la suite de cette aventure pour le moins romanesque je me levais radieuse après quatre heures de sommeil, alors que je faisais la gueule depuis des jours.

Des détails : cet enfoiré a osé se pointer au rendez-vous de l'illusoire, alors que pour sa vraie maîtresse il ne peut jamais se libérer le soir, il doit rester en famille.

Donc : déception-humiliation-haine.

Il a attendu en vain la fille de l'annonce, puisqu'elle n'existe pas, je me suis payé le culot de passer près de lui en loucedé alors qu'il poireautait sur le trottoir depuis trente minutes. Là à l'abri de son regard : ricanements intenses-début d'orgasme-vengeance.

Mais il ne s'est pas gratté pour me téléphoner, le chetan cézigue. Histoire de ne pas avoir fait la route pour rien (il avait déjà appelé avant de partir « pour une réunion qui pouvait être annulée » pour être sûr que je sois dispo au cas où ça le fasse pas avec l'autre), il me l'a joué : « Surprise ! Alors je suis en bas de chez toi, tu m'as dit que t'y étais, t'es où ? » J'étais en planque en face du bar où il avait rendez-vous mais je tentais de lui faire croire que je pouvais avoir une vie et que j'étais à une supersoirée. Alors : vexation-hésitation-minauderie-tortillage du cul.

Pour finir, malgré tous les efforts de la blonde pour m'ouvrir les yeux sur la hauteur de l'affront, je n'ai pas pu résister à ce corps vaquant à portée de main, je n'ai pas pu me résoudre à le planter là, comme le suggérait le plan initial.

J'ai consenti à me libérer (je trépignais) et sous prétexte de le ruiner en champagne (excitation-appréhension), en vérité j'ai ruiné mon ego, j'ai fondu comme les glaçons de mon cocktail au contact de ses mains (abandon), fait ma capricieuse comme une petite fille (régression), puis j'ai oublié de lui en vouloir, je dégoulinais, je dansais, je riais, je vivais !

Au matin je me sentais belle, j'ai fait de la gym devant *Friends* en v.o., je suis allée chercher ma voiture à pied à l'autre bout de la ville en sifflotant et j'ai bu un café au soleil en jupette.

Après j'ai menti à tout le monde, je n'assumais pas ma faiblesse, même devant la blonde qui a suivi toute la mise en place du guet-apens je change la fin quand je raconte, je me sens conne, j'ai honte.

Le pire c'est que je n'ai pas résisté (contrairement à ce que je dis à tout le monde) à le relancer sous l'identité de l'autre, pour clore officiellement la relation, pour qu'il ne se méfie pas (mais de toute évidence il ne se méfie pas, ce n'est pas pour sa vivacité d'esprit que je l'apprécie).

Et, comme il m'a répondu, c'est reparti de plus belle, je rougissais quand il disait tout le bien qu'il pensait de moi (la vraie, celle qui était là la prems), je frémissais d'aise quand il me défendait face aux critiques de « l'autre », qui disait qu'elle nous avait vus ensemble, puis je vérifiais sous ma véritable identité que j'étais bien sa favorite, enfin j'ai entamé tranquillement un bon processus de dédoublement de personnalité bien dangereux.

Pendant toute une période je me suis perdue en route, je sais bien que ce pauvre type qui cherche des éclats de bonheur partout ne mérite pas que je mette mon couple en danger, puis je me dis que mon couple ne vaut pas grand-chose si je n'hésite pas à le risquer pour cette pantomime ridicule.

En plus, la pensée m'effleure qu'il n'est peut-être pas si bête et que, si ça se trouve, il me trimbale depuis le début, parce que quand même, le piège était gros.

L'euphorie aura été de courte durée, c'est comme une drogue, la redescente est amère et ne fait qu'aspirer à recommencer pour se soulager.

En y repensant, je ne sais pas si j'étais amoureuse, mais j'étais dépendante.

« All You Need is Love »

(Les Beatles)

Mme l'Inspectrice est repassée, Mme l'Inspectrice est amoureuse, elle (on est peu de chose), alors : « Tout le monde il est beau, tout le monde il est gentil ! »

De sorcière malfaisante je suis devenue géniale, il faut croire que j'ai beaucoup réfléchi, beaucoup travaillé, que demande le peuple ?

Je vais pouvoir m'adonner à des sujets beaucoup plus cruciaux que ma carrière désormais, comme l'appel des militaires tchadiens le soir au fond des Vosges, je pense y consacrer une thèse (je l'appellerai « Ode à Chetan »), et puis la réalisation de paravents sur lesquels je peins des filles à la bouche grande ouverte et aux yeux écarquillés et de tee-shirts sur lesquels je colle des portraits de Bootsy ou Courtney Love pour la grande (qu'elle me fasse de la pub quand elle passe à la télé un peu).

Je pense à des choses agréables, lire un bon livre au soleil en entendant gazouiller mon gamin pas loin (j'aime l'entendre parler à quelqu'un d'autre, ne pas devoir lui répondre, le savoir à proximité sans avoir à le surveiller), rêvasser sous une grosse couette en sentant le vent frais me chatouiller le bout du nez, fumer des clopes dans la cuisine avec ma copine blonde, virevolter dans les bras d'un bon danseur de salsa, sauter au milieu de grands Noirs dans un *dance hall*, piquer un fou rire devant un bon film à la télé avec des potes, pleurer toute seule au cinéma (ça me fait un bien fou).

La vie a un goût de sirop de violette et l'automne dans l'Est n'est pas du tout déprimant, contrairement à une pensée répandue par les Parisiens...

« *Move your ass,*
and your mind will follow. »

(Non, Funkadelic c'était :
« *Free your mind and your ass will follow.* »)

J'ai encore oublié à quel point j'étais allergique à tout exercice physique et je suis allée faire des raquettes dans les Vosges !

Un regrettable élan de solidarité envers ma blonde embarquée dans l'affaire.

Alors faut le savoir, les raquettes en fait c'est de la marche, en plus dur.

C'est même pas comme le ski de fond où de temps à autre ça glisse, là aucune récompense, aucune compensation, même quand on a beaucoup grimpé, la redescente est aussi difficile, les raquettes s'enfoncent dans la neige et pèsent hyperlourd.

Lourd c'est d'ailleurs l'adjectif qui qualifie le mieux ce sport, c'est lent, c'est long, alors de nuit par –15 °C, c'est une torture et je me suis longuement interrogée sur ce que j'étais venue faire dans cette galère... m'aérer j'imagine, me changer les idées, arrêter de me goinfrer (en même temps c'était fondue le soir et tartiflette le midi, vin chaud et brioche l'après-midi, alors comme cure de remise en forme je dois pouvoir mieux faire). Je ne pouvais pas savoir que chacun apporterait sa guitare pour chanter Lalanne et Duteil (y a plus de jeunesse, c'est navrant) jusqu'au bout de la nuit, ni que les mouches en passant devant le faisceau infrarouge déclencheraient l'éclairage automatique dès que je commencerais à m'endormir (le gag), bref, je ne pouvais pas savoir que les Bronzés en *live* c'était à ce point pas mon truc.

Pour tenter de me tirer de cet enfer, la seule stratégie que j'ai développée a consisté à faire du gringue à un skieur venu passer la nuit au refuge pour qu'il m'emmène faire de la vraie glisse sur de vraies pistes, je voulais juste profiter de sa voiture, en croyant habile de le laisser espérer davantage, et c'est sans doute ça qui l'a fait fuir vu qu'il était en fait curé en civil. Un curé de trente ans en anorak orange, si c'est pas pour abuser le peuple !

J'avais déjà essayé le sport, par exemple j'avais fait du jiu-jitsu. J'avais été atterrée par l'ampleur de mon inaptitude... complètement larguée au bout de dix minutes d'échauffement, au bord du malaise au bout de vingt.

C'est trop injuste, depuis toujours je rêve d'être sportive, d'en avoir le corps surtout. Et d'arriver à monter les escaliers sans être essoufflée.

Mais, là, j'allais au cours dans un gymnase de banlieue parce que j'avais un ticket avec l'entraîneur (un homme surprenant qui, sans avoir jamais rencontré mon fils, lui a prévu une chambre dans la maison qu'il construit), donc il ne me faisait pas payer et m'appelait chaque semaine pour me motiver, au début j'arrivais à traîner des copines, je n'étais pas la plus ridicule, mais visiblement la plus maso, car les autres ont laissé tomber aux premiers bobos. Faut dire que c'est assez viril, au combat on prend des coups dans la gueule, c'est du pur sport de lascar sous couvert de philosophie orientale.

J'ai commencé à appréhender chaque samedi, comme la piscine avec l'école quand j'étais petite, une boule dans le ventre la veille...

C'est devenu tendu avec les jeunes du cours, qui pratiquaient depuis des années et qui ont commencé à s'agacer de toujours devoir m'attendre, me montrer, m'encourager, à la demande du prof qui a fini par réclamer une récompense pour ses soins. Je suis tombée dans une embuscade, j'étais la seule invitée de son dîner « entre amis », j'ai eu du mal à éviter ses prises et ça a marqué la fin de ma pratique des arts martiaux.

Après quelques autres tentatives comme l'achat à perte d'un banc de muscu et de la cassette de Mya Frie, j'ai réduit mes ambitions et je me suis offert le superproduit Clarins que « c'est le seul qu'a jamais marché sur moi » *dixit* la vendeuse et je l'ai appliqué en faisant exactement les mouvements recommandés sur la boîte.

J'aime le chocolat, pas noir ou light mais aux noisettes, au praliné, au caramel, j'aime les fruits mais confits et la meringue, les acras de morue, les religieuses au chocolat ou au café, je viens d'en trouver à la pistache, j'adore, les pâtes au pesto, les avocats, allez je veux bien supprimer les avocats, les macarons Ladurée et ceux que je fais, le kouign-amann, le nougat, le touron et le halva, les fromages les plus gras, le riz au lait, le couscous, les tartes au citron, le tajine d'agneau aux amandes et pruneaux (diurétiques les pruneaux, non ?), les crêpes, le saucisson, le bourrek, les bananes plantains frites et les tempura.

La seule chose que j'aime qui n'est pas hypercalorique c'est le homard, voilà pourquoi il m'est extrêmement difficile de ne pas être grosse, j'ai même un certain mérite à ne pas être obèse.

« Isn’t she Lovely ? »
(Stevie Wonder)

Ma mère m’a toujours dit de tourner sept fois ma langue dans ma bouche avant de parler, j’ai jamais été foutue d’y penser.

Quand on balance sur la maîtresse de son fils à un remplaçant pas très finaud, il y a des chances qu’il lui rapporte l’intégralité des propos tenus, et même qu’il en rajoute un petit peu. J’avais relevé le fait que la seule sortie de l’année soit au parc d’à côté, où les gamins vont tous les jours depuis la maternelle, que la séance de sport hebdomadaire sautait si l’intervenant manquait à l’appel et que le spectacle de fin d’année consistait à réciter une phrase tous ensemble, deux minutes sur le podium pour les familles qui viennent parfois de loin ça peut être frustrant. Je voulais dire que certains enseignants préfèrent la lecture et les maths à tout ce qui est plus drôle, ignorant parfois qu’on peut joindre l’utile à l’agréable. J’ai jamais dit qu’elle était fatiguée à l’idée de sortir de sa classe. Elle était très en colère, je craignais des représailles sur l’enfant, d’autant que pour une fois elle s’accordait avec sa directrice sur le fait que j’étais hypocrite (c'est vrai que j'aurais pu lui dire en face ce que je pensais de sa pédagogie) et agressive (alors j'ai bien fait de ne pas lui dire en face tout ce que je pensais), j'ai donc copieusement rampé devant tout ce beau monde (obligée, l'a déjà assez de problèmes comme ça le marmot, sans devoir assumer les dérapages d'une mère qu'a oublié de plus être punk) et, après ça, j'avais besoin de me requinquer.

J'étais invitée au vernissage d'une exposition d'artistes transsexuels, où j'ai bu tout ce qu'il y avait à boire, et accessoirement mangé tout ce qui était comestible (c'est ballot, je faisais gaffe à ma ligne depuis presque quarante-huit heures, encore un régime avorté). Je pensais que rien ne viendrait en ces lieux me rappeler l'école, quand j'ai compris que la jeune blonde à plates-formes tout de fuchsia vêtue qui me saluait était en fait un père d'élève de ma classe, marié, deux enfants, délégué de parents, oups.

J'avais déjà vécu ce genre de malaise quand une amie m'avait enfin présenté l'amoureux dont elle me rebattait les oreilles depuis des mois et que j'avais reconnu un père d'élève pas du tout en instance de divorce dont la femme était même enceinte de six mois, j'avais passé une soirée très tendue et lui aussi, quand il a quitté ma copine peu de temps après j'avais détesté devoir lui dire pourquoi.

Dans la foulée, j'ai aussi brisé une famille, le soir de Noël.

Enfin ce n'était plus vraiment Noël, le 26 décembre, et puis certaines femmes manquent vraiment d'humour, pourtant il en faut pour maintenir une vie conjugale quand le chef de famille drague sur le net en se présentant comme « célibataire, sans enfants, cherchant à poser ses valises ». Et c'est lui qui a commencé, moi je respectais une sacro-sainte trêve, ça ne me serait pas venu à l'idée de l'imaginer lécher la bûche glacée répandue sur mon corps en ces jours de réunion de famille où il ne se passe jamais rien d'approchant s'il ne m'avait pas relancée...

Quelle idée aussi de dormir à quatorze heures sans couper son portable ! Il me semble qu'il y a des règles élémentaires pour bien gérer son adultère.

Enfin je ne pouvais pas penser que c'est sa femme qui réceptionnerait le message et qu'elle le prendrait au premier degré...

Je culpabilise quand même en imaginant la tête de ses beaux-parents le soir à table !

Après ça, j'ai tenté de me racheter : comme b.a. de Noël, j'ai invité le copain de mon fils à passer deux jours avec nous et là je sens bien que je dois payer pour quelque chose, car ce ne sont pas juste deux gamins excités qui font le bordel c'est carrément un commando à conneries.

Il a neigé dans les moindres recoins de mon appartement, et même après deux heures d'aspirateur je me demande si je vais récupérer la peau de mouton (c'est de la fausse neige évidemment, un genre de paillettes collantes), on a passé une nuit blanche (à deux heures du matin le môme voulait finalement rentrer chez lui) et là il est en train d'expliquer à mon candide perplexe que Mickey n'existe pas et qu'à Eurodisney ce sont des employés déguisés (serait-ce possible au prix qu'on paye ?).

En plus je n'avais même pas besoin de me racheter car le malin mâle est trop fort, l'affaire est arrangée, la famille s'est ressoudée autour du sapin et il y a même gagné la liberté de m'appeler plus facilement puisqu'il n'a rien à se reprocher, qu'il a le droit d'avoir des amis à l'humour douteux et que ces injustes soupçons l'ont blessé.

On ne le nomme pas chetan pour rien. Je constate avec aise que je ne suis pas la seule qu'il parvient à rouler dans la farine (combien sommes-nous au juste ?).

De toute façon on fera à l'avenir plus de peur que de mal puisque la mutation est tombée (je ne sais pas si ça s'appelle comme ça dans l'armée), happy family déménage à l'autre bout du pays, tout est bien qui finit bien.

Cette histoire va retomber dans le domaine du virtuel.

« Heart Shaped Box »

(Nirvana)

Je suis allée consulter une médium et elle m'a remise d'aplomb : je suis sur la bonne voie, j'avance dans le bon sens, je dois être plus cool avec moi-même, rien que des trucs qui m'arrangent. Les médisants diront que c'est pour ça que je la paye, mais c'est faux, parce qu'on lui donne ce qu'on veut. Même une fois elle a refusé l'argent, sous prétexte qu'il faut « apprendre à recevoir ».

Il fut un temps où j'étais quelqu'un de rationnel qui ne croyait qu'à ce qu'il voyait. Pourtant, j'étais entourée de gens bizarres, Abdul s'était fait désenvoûter trois fois (la première fois après avoir éclaté ses platines de DJ à coups de briques, c'était pas le stress, c'était son ex qui lui avait jeté un sort, puis après avoir sombré dans l'alcool, c'était pas par faiblesse mais parce que le voisin, qui avait le mauvais œil, était jaloux de lui, pourtant il avait un bon boulot, une femme adorable, allez comprendre, la fois d'après je ne sais plus j'ai arrêté d'écouter, je crois). Et puis dans un moment de suprême égarement (genre des années avec le même gars – à qui tout le monde jette des sorts – et aucun projet commun donc *qui suis-je où vais-je dans quel état j'erre ?*) je suis allée voir la mère d'un copain, astrologue, et là ça a fait comme dans les films où la Marquise des anges croise une bohémienne qui lui regarde la main et dit d'un air horrifié : « Non, non, je ne vois rien, oh ! seigneur, je ne peux rien dire ! »

Après avoir décidé d'arrêter l'astrologie, elle m'a dit que si j'étais sa fille elle ne me laisserait pas repartir vu ce qui m'attendait.

Elle voyait du sang et des larmes.

J'ai préféré le prendre avec humour, je me suis collé deux belles œillères et j'ai continué ma route, et tout s'est passé tel qu'elle l'avait décrit.

Mon cartésianisme a vacillé sur ce coup-là.

Mais vu qu'assez vite je me suis aperçue que j'étais enceinte (ce n'était pas rassurant dans ces circonstances, en même temps elle ne l'avait pas vu, et ça lui faisait perdre du crédit), j'ai préféré décider de ne pas y croire, et de ne pas faire le rapprochement quand le mal-être intérieur de mon compagnon a commencé à apparaître sous forme de scarifications et de spectaculaires et sanglants pétages de plombs (d'où les urgences dont j'ai parlé précédemment, le doigt en moins, etc., parce que pour certains il est plus facile de se couper que de parler pour exprimer sa souffrance).

Ça n'est pas pour autant qu'aujourd'hui je consulte des voyantes à tour de bras, ou que je considère le paranormal comme une science, pourtant, en cas de crise, je vais voir cette médium au bout de ma rue.

Présentement, personne ne comprend mon émoi alors je fais en sorte de ne pas tourner sur moi-même en hurlant, mais je suis en crise : après cinq ans de silence, après m'avoir demandé de ne plus appeler et avoir dit à mon fils qu'il ne le verrait plus *jamais*, le père revient.

Celui-là même qui se taillade le corps à coups de tesson de bouteille quand il a un coup de cafard. Il a prévenu qu'il prenait son droit de visite ce week-end et rien que sa voix sur le répondeur m'a plongée dans un état d'angoisse et d'anxiété proche de la terreur. Le sage Christian m'a dit : « Moi je ne fais pas une crise de catatonie aiguë quand je croise une ex », personne ne me comprend... À part la grande qui pense que je devrais contacter un tueur à gages. En effet, j'en connais un, un parent d'élève (même les tueurs ont une mère, et parfois des enfants), mais je suis incapable de toucher à ce téléphone par lequel est arrivée la nouvelle.

À réaction irrationnelle, traitement paranormal. Rendez-vous chez la médium.

Bon, sur ce coup-là, elle ne m'a pas rassurée, elle entend des voix qui lui disent de tenir mon fils hors d'atteinte du diable.

OK. Sur ma vie sentimentale, elle m'a calmée.

Cette brave dame m'avait déjà révélé que mon amant n'était pas basketteur et qu'il était avec une fille qui me ressemblait, *en plus jeune* (je l'ai vérifié depuis, en effet la femme du chetan c'est moi en mieux... que les hommes sont étranges).

Cette fois, sur photo, elle a pu me dire qu'il était menteur, manipulateur, et qu'il avait un deuxième enfant. Elle a conclu qu'à part pour le sexe il ne pouvait me faire aucun bien.

Donc soit elle est très raciste (parce qu'il est un peu noir), soit elle est très perspicace.

À l'inverse, elle m'a confirmé la valeur et la droiture de Christian, assuré de tout l'équilibre qu'il pouvait apporter à mon foyer, en bref conseillé de laisser tomber les rêves de prince charmant, oui ça on le sait toutes normalement à nos âges... Elle m'a suggéré d'admettre que la vie ne peut pas toujours être youpla-boum (ça ma mère me l'avait dit aussi), mais moi j'ai pas envie !

Donc je vais fêter mon anniversaire de vie de couple cool et sans problème et, au moins pour ce soir, j'essaye d'enfermer tous mes vieux démons et mauvais génies dans ma boîte à secrets en forme de cœur.

J'écoute la radio : « ... d'aucuns s'accordent à croire qu'une relation sans problème ne vaut pas la peine d'être vécue... »

« Lève-toi, c'est décidé, laisse-moi te remplacer
Je vais prendre ta douleur. »
(Camille)

Je voulais qu'il se passe quelque chose et bien voilà il se passe « la fin », et je pleure.

À force de nier l'existence de mon copain, colocataire, collègue, que je n'ai jamais pu appeler conjoint, j'ai considéré honnête de lui rendre la liberté qu'il ne pensait pas à revendiquer. Ce n'est pas correct de prolonger *ad vitam aeternam* la période d'essai si on ne compte pas embaucher.

Je n'ai pas encore bien analysé si c'est ce que je voulais, si je me sens plus vivante quand je sens mon estomac remonter et mes sanglots couvrir le son de la télé.

Je ne sais pas si la normalité me fait peur, si je la rapproche de la médiocrité, si je préfère vivre intensément quitte à supporter du tragique pour avoir du grandiose, c'est l'histoire du fou qui se tape sur la tête parce que ça fait du bien quand ça s'arrête.

À cette heure-ci, je me fais surtout la remarque que je n'ai pas souvenir de quand j'ai pleuré pour la dernière fois, on peut pas dire, cet homme-là ne m'aura pas fait de mal, je m'en suis bien chargée toute seule pendant ces deux années de vie commune.

J'espère seulement que ce n'est pas le retour du père qui a sonné le glas, ce serait trop sombre comme constat, signe que je ne veux pas m'en sortir au fond, que le goût des larmes me manquait.

Ou alors je ne l'ai pas trouvé assez impressionnant comme épouvantail, peut-être que je dois chercher un fou encore plus fou pour me défendre, une armoire à glace pour me rassurer, un pitt-bull pour ne pas trembler si Abdul revient, je tiens enfin la justification de mon fantasme de virilité incarnée, mais, dans ce cas, c'est la surenchère à la testostérone, c'est pas comme ça que je vais m'allier à un énarque.

Peut-être aussi que la migration du chetan vers le sud n'est pas étrangère à l'affaire, ce qui voudrait dire que je dépose les armes au moment où je pourrais gagner la guerre, je n'ai peut-être pas envie de laisser sa chance à la monogamie.

Dans tous les cas, je sais, docteur, je me refuse le droit au bonheur.

Je vais pleurer toute seule mon bel amant exilé sans avoir l'indécence de laisser le dindon de la farce me consoler.

Allez, je vais lécher mes joues salées (oui, je suis hypersouple de la langue)

Et puis écrire des vers :

HEUREUX LES SIMPLES D'ESPRIT

Est-ce que je cherche un mac ?
C'est vrai que je mérite des claques
À avoir dans la peau que des salauds
À porter sur mon dos tous leurs problèmes d'ego
À chercher de la tendresse quand on veut que mes fesses
À calmer les ardeurs de ceux qui veulent mon cœur.

« *Ya rayah win msafar trouh taâya wa twali.* »

(Rachid Taha)

Puisque je n'avais pas envie d'être dans le coin quand son père viendrait rendre visite à mon fils, je me suis offert des vacances au soleil. Parce qu'on le vaut bien, et qu'on avait besoin de se retrouver, loin des histoires de cœur compliquées, la blonde nous avait déniché une thalasso à Djerba accessible même à ma bourse.

Nous sommes parties pour Mulhouse la veille du vol car il y a deux heures trente de route pour les gens normaux, quatre pour les blondes malgré l'itinéraire étudié sur Internet, les cartes routières dont nous disposions et l'assistance téléphonique de mon père. Positivons, nous avons visité la ville, ce qui est fait n'est plus à faire, pour info : la visite de cette ville n'est pas indispensable à une vie réussie.

Arrivées trop tard pour acheter à manger, la blonde m'a dissuadée d'aller jeter des fortunes au restaurant (pensant à ma ligne et à mon porte-monnaie, elle n'a de problèmes ni d'un côté ni de l'autre mais ne rate pas une occasion de me rappeler que j'en ai) et a partagé son pique-nique, nous avons donc dîné de deux endives, quatre tomates cerises, et une pomme, j'allais devoir m'habituer.

La chambre d'hôtel m'a rappelé un épisode précédent, le champagne et le militaire en moins, elle n'était pas chauffée et au réveil la princesse au petit pois était malade, aphone et les yeux gonflés par un début d'allergie.

Après avoir laissé la voiture à des kilomètres de l'aéroport et bravé le vent glacial de l'aube, nous sommes arrivées, reniflant et éternuant, le brushing massacré et ruisselantes de neige fondue mais néanmoins hyperponctuelles, à l'aéroport.

On a enregistré nos bagages en dix minutes, moi je n'avais rien qu'un petit sac (mais ma copine deux valises, dont j'ai compris plus tard l'intérêt) et on a commencé à attendre. L'aéroport de Mulhouse c'est pas Orly, on y rouille pas par plaisir, y a pas de boutique, rien, mais on a attendu un quart d'heure avant le décollage pour embarquer parce que « sans me la péter j'ai déjà pris l'avion et c'est comme ça que ça se passe ».

On a réussi à louper les appels répétés de nos noms (à cause de l'accent sans doute, ou de l'iPod peut-être, pis la blonde est divorcée et ils appelaient un nom que je n'avais jamais entendu) et on est arrivées pour embarquer pile au moment où ils se permettaient de débarquer nos bagages ! Incroyable, ils voulaient décoller EN AVANCE ! Je n'avais jamais vu ça (c'est absolument contre ma religion d'être en avance), bref, d'entrée, on s'est fait pourrir et maudire par tous les passagers.

Globalement le ton était donné, on n'a pas arrêté de se faire engueuler pendant ce voyage. J'ai fait un rêve, comme Martin, qui disait : « Le client est roi », ben c'était juste un rêve, comme pour Martin.

Après une insulte de repas (était-ce du thon, du blanc de poulet, du tofu, de la gomme ?) et une rixe évitée de justesse entre la blonde et un Touareg qui voulait lui toucher les cheveux, nous sommes arrivés sous un soleil éclatant, accueillis (peut-être pour combattre le cliché de nonchalance dont on affuble les pays chauds) par des hyperactifs nerveux et agités (nous avions pourtant cinquante ans en moyenne, grâce aux quelques marmots hurleurs contrebalançant les octogénaires) qui nous ont entassés dans des cars à la climatisation excessive (pourtant, il ne fait pas si chaud à Pâques en Tunisie, faut arrêter de se la raconter).

Après avoir traversé moult chantiers et bidonvilles, nous sommes arrivés dans une cité de béton, emmurée, limite camp militaire avec miradors et gardes à l'entrée : le royaume du touriste.

Une miniature gesticulante nous a menées, ma copine et moi (en courant, tout en courant, je pense que s'ils s'arrêtent un chef doit sortir de derrière un buisson pour leur taper dessus), vers notre « menzel » (copie d'habitation locale blanc et bleu à toit en dôme) avec un petit patio (qu'on croyait privé) où poussait un hibiscus rouge.

Là, à l'abri du vent, nous avons cru un instant pouvoir lézarder au soleil en culotte (moins de six kilos de bagages ça sous-entend avoir oublié quelques trucs comme un maillot de bain, un survêtement, une serviette...).

Mais très vite nous avons vu arriver papa Saïd, évidemment sans frapper (c'est l'homme de ménage, il a un passe), pour vérifier que nous étions bien installées, pour nous offrir un thé à la menthe, pour nous enduire d'huile d'olive (moi, j'ai résisté, ma copine à peau de blonde va cloquer).

Affable, débonnaire, c'est l'homme qui tombe à pic, il surgit, sa chaussure à la main, quand la blonde découvre un cafard grand comme un pied dans son sous-tif, muni de sa théière quand on prononce le mot « soif » à voix haute, ou le sourire aux lèvres chaque fois qu'on parle de prendre une photo, et on découvre rapidement qu'on est davantage chez lui que chez nous.

Nous avons été beaucoup trop liantes, bien trop naïves avec papa Saïd.

Parmi toutes ses bonnes recommandations, nous sommes par exemple allées manger chez son ami, pas cher c'est vrai, pas bon non plus. Une heure d'attente pour un couscous froid et gras, une heure à écouter le serveur nous raconter qu'il a une voiture immatriculée en France et nous montrer les photos de ses biens sur son portable pour conclure d'un autoritaire « par exemple je te choisis toi, la blonde, on va en boîte ce soir et si ça colle, on reste ensemble », et finir par se faire insulter parce qu'elle ne veut pas saisir sa chance.

À l'arrivée, un peu les mêmes histoires qu'au Maroc il y a quelques années avec la grande, qui était rousse à l'époque, et dont la carte Bleue était connue dans tout le souk de Marrakech. Toujours les mêmes faux rapports, les rencontres biaisées, payer pour tout le mépris du touriste lambda pour le tiers-monde, chercher un moment à prouver sa différence pour finalement baisser les bras et rejoindre le troupeau, car le mur est infranchissable, tous trop prisonniers de leurs (nos) stéréotypes.

Alors une fois tu es miss Monde, une fois on te crache dessus, l'impression d'être un vagin ambulant à tête de porte-monnaie, surtout la blonde qui à la base n'est pas tactile et pas particulièrement affable (et même pas fan de Djamel) et qui ne s'estime pas nantie de pouvoir se payer une semaine à Djerba (parce qu'à choisir elle aurait préféré Pornic pour la thalasso, si c'était pas quatre fois plus cher).

Moi, encore, on me prend parfois pour une fille de la ville ou une Française originaire de là (encore une feinte ?), en tout cas, on me parle plus comme à l'homme, comme à celle qui décide (grossière erreur !).

Voilà, c'est toujours pareil, ils vivent du tourisme et en même temps tu les nargues avec ton pognon, c'est attirance-répugnance en permanence, tu sais jamais quoi faire pour ne pas froisser, pas te faire engueuler, surtout qu'autant au Maroc les gens étaient obséquieux, autant à Djerba, on te rappelle sans arrêt que t'es chez eux et que si t'es pas content, tu te barres (notre homme de ménage par exemple a réussi à faire virer de l'hôtel des filles qui se plaignaient de lui, ça nous a bien calmées...).

Je comprends mieux l'acharnement du jeune Marocain qui veut m'épouser depuis des années, quitte à laisser le soleil espagnol pour le froid de l'est : il m'apparaît maintenant que la seule reconversion possible quand on bosse dans l'animation, passé trente ans, c'est d'épouser une touriste !

Enfin, il a fait beau, j'ai assisté à plusieurs entraînements paramilitaires sans pleurer (curieuse notion de la cure de détente qui consiste à se faire hurler dessus pendant le sport, molester pendant le massage et devoir psychanalyser les employés dans le Jacuzzi), j'ai quand même réussi à me dorer au soleil, à lire un peu et à me reposer.

La blonde a eu moins de chance, elle a développé une allergie au soleil, au chlore de la piscine, aux algues de la thalasso et aux oranges du petit déjeuner, elle a chopé une tendinite à cause du sport et a failli perdre un œil à cause du sable collé à sa lentille.

À mon retour j'avais dix-huit messages du chetan sur mon répondeur, ce serait trop con que je l'oublie, même s'il vit à mille kilomètres et qu'il n'envisage pas de venir me voir... D'ailleurs dès qu'il a su que j'étais rentrée, bien seule et bien consciente du vide qu'il laissait, il est redevenu intouchable.

« Fuis-moi je te suis, suis-moi je te fuis. »

Je serre les dents, ça va passer.

« Timeless »
(Sergio Mendes)

La visite du père a été repoussée, annulée, reportée, puis a finalement été une visite éclair, visite de misère. Toute cette angoisse (pour ma pomme), cette espérance (pour mon fils) pour deux heures passées entre l'ombre d'un père et une étrangère l'accompagnant, aussi bavarde qu'il est devenu neurasthénique.

Deux heures de gêne et de banalités, pas assez pour s'apprivoiser si elles restent isolées.

Trop tôt pour juger des effets, mais je ne pense plus qu'il y aura forcément un avant et un après cet événement, vite surpassé par l'anniversaire de la petite Chloé au paint-ball.

À propos d'anniversaire, jusqu'au dernier moment, je pensais juste déprimer bien tranquillement toute seule chez moi en ruminant des pensées comme « chaque jour qui passe me rapproche de la mort » et je me suis finalement laissé convaincre par la blonde de fêter mon vieillissement.

Pour éviter un rassemblement trop intime, j'avais lancé deux puis trois invitations, je me retrouvais avec vingt-cinq personnes à rassasier, alors que j'étais aimantée par mon lit et que je n'avais évidemment aucune envie qu'on me rappelle mon âge...

Pas de beurre pour le gâteau au chocolat, pas de levure pour le cake aux courgettes.

La dernière fois que j'avais fêté mon anniversaire, j'avais organisé ça dans une carrière au sud de Lyon, tellement au sud que des tas d'invités n'avaient pas trouvé, et le lieu imposait un groupe électrogène dans lequel j'avais immédiatement mis de l'essence, m'interdisant ainsi toute réjouissance pour le restant de la soirée, puisque c'est autre chose qu'il faut mettre dedans (quoi ?). J'avais donc passé mon temps à faire des navettes avec la station la plus proche et à tenter de faire fonctionner ce putain de groupe électrogène, accompagnée en cela d'un charmant garçon prénommé Edgar, que je ne connaissais pas et que je n'ai jamais revu (en même temps la conversation avait tourné pendant toutes ces heures autour de l'éducation de son chien, alors je ne lance pas là un avis de recherche, pensant avoir épuisé le sujet). Pendant ce temps, mes potes avaient passé une bonne soirée, je crois, malgré mon chien en chaleur de soixante kilos à l'haleine de bouc qui essayait de leur grimper dessus. Autour d'un grand feu, ils ont fait connaissance, quand j'ai levé la tête il était quatre heures du matin et la plupart partaient. Je n'ai vu qu'au lever du soleil que des grapheurs avaient réalisé pour moi une splendide fresque sur les rochers, j'étais un peu passée à côté de la fête.

Depuis j'appréhende l'organisation de festivités, en tout cas je vois moins grand, et j'invite chez moi.

Célébrer le temps qui passe ne me réjouit guère :

j'ai vu mourir des amis et des héros de ma jeunesse, j'aurais aimé assister à la mort de Bush et à l'élection d'Arafat, mais c'est le contraire qui s'est produit, j'aurais aimé voir Joëlle Aubron, insoumise après vingt ans de rétention, profiter de sa liberté, mais elle est morte sans jamais avoir été reconnue prisonnière politique. Ed Bunker vient de s'éteindre alors que « No Beast so Fearce » avait laissé la place sur ma table de chevet à « Blonde attitude », échange ô combien significatif.

Je ne suis plus punk depuis bien longtemps, lassée d'affronter les regards j'ai admis que les cheveux longs me vont mieux que le pétard vert. Je ne me bats plus contre les fachos, ils sont de plus en plus nombreux je n'ai pas assez de bras. Je ne fais même plus les manifs, j'ai la flemme (à peine une grève de temps en temps, et, en toute honnêteté, c'est plutôt parce que tout est bon pour pas aller bosser). Je ne défends plus les squats, j'ai cédé aux sirènes du confort. Je ne m'intéresse plus à ce qui se passe dans les prisons, je focalise sur ce qui se passe dans ma maison. Je ne monte plus sur scène pour cracher ma rage, je n'héberge même plus de sans-papiers, si ce n'était pour le sexe, ça se trouve je ne fréquenterais plus que des Blancs (non, j'exagère). Enfin j'ai abandonné les biographies de taulards au profit de celles de princesses de Park avenue, c'est la fin d'une époque.

Heureusement, j'ai résolu mes problèmes d'ingrédients en cuisinant un cake au chocolat où la courgette remplace le beurre, cool.

« L'amitié est enfant de bohème,
même si tu ne m'aimes pas je t'aime,
et si je t'aime, prends garde à toi. »
(d'après Bizet)

Comme si les ruptures amoureuses ne m'étaient pas assez pénibles, je dois affronter maintenant les amies éconduites.

J'ai eu droit cette semaine à deux crises de jalousie, l'une très digne, par une sylphide, Inès, mère d'un ami de mon fils avec qui nous avions passé des vacances désastreuses : « Je sais bien que les relations évoluent, tu as le droit de moins avoir envie de me voir, tu devrais avoir l'honnêteté de me le dire », l'œil humide à deux heures du mat' dans mon salon, l'autre moins : « C'est qui les pétasses avec qui tu traînes ? Pourquoi tu m'appelles plus, tu me manques », hurlée par une petite Manu étalée par terre, du mascara plein la figure, à deux heures du mat' dans un bar où je pense maintenant être cataloguée goudou.

Pourquoi je me mets toujours dans ce genre d'histoires moi, où c'est écrit que quand les gens soûlent on n'a pas le droit de faire un break, voire, osons-le, de les sortir de sa vie ? Moi, on dirait que, dès que je rencontre quelqu'un, je signe un contrat, c'est à la vie à la mort pour toujours entre nous. Si au moins ça marchait dans les deux sens, mais pas du tout, moi, quand on arrête de me prendre au téléphone et qu'on oublie systématiquement de me rappeler, je m'éclipse sur la pointe des pieds, depuis mes sept ans, j'ai compris qu'on ne peut forcer l'amitié ni l'amour, qu'il faut être au moins deux pour vivre une histoire.

Je revendique le droit de changer de fréquentations, d'évoluer dans des cercles différents, parce que moi-même je change et j'évolue au fil du temps.

Après avoir quitté le père de mon fils, j'ai fait une nouvelle crise d'ado et j'étais bien contente de trouver des copines pour faire la fête, mais la petite Manu, qui me faisait bien rire à l'époque, a enchaîné non-stop depuis, en traînant son môme qui grandit, en se mettant minable devant lui. Si elle croit qu'en souvenir de quelques bitures partagées on se doit fidélité à jamais, je lui dis que nenni, moi je suis passée à autre chose, j'ai eu un moment de faiblesse mais je me suis reprise, et j'apprécie pas tant que ça qu'on me rappelle cette période d'ailleurs. Ça doit être après sa deuxième tentative de suicide chez moi que j'ai décidé de la lâcher. Je me suis dit que je n'avais pas éloigné l'autodestruction de son père pour en montrer une autre à mon fils.

Quant à Inès, je l'ai rencontrée en plein dans la courte période de pimpance qu'elle a traversée (où, peut-être, elle faisait semblant d'être légère et gaie, en tout cas elle faisait illusion et je suis tombée dans le panneau), elle avait la classe, elle m'impressionnait, élevant ses deux enfants d'une poigne de fer malgré son mari alcoolique et cavaleur, elle avait toujours des idées de sorties culturelles et d'activités pédagogiques, mais rapidement notre amitié lui a permis de se lâcher et j'ai dû passer des week-ends entiers à la consoler. À l'écouter se plaindre, de ses enfants qu'elle a faits trop jeune et ne supporte plus, de son mari qu'elle ne quittera jamais. Alors que moi, sans me vanter, j'ai pris mon mal en patience pendant des années, quand j'ai formulé des doléances sur mon couple à voix haute, je les ai fait suivre d'effets. Et puis si je suis seule, ce n'est pas pour subir les affres d'autres couples, ça me paraît évident.

C'est pour ça que je préfère la blonde, célibataire et sans enfant, qui s'enferme chez elle sans appeler personne quand elle n'a pas l'énergie de se faire un brushing.

Ou la grande qui, même en couple, même au plus mal, ne m'a jamais imposé cela.

En même temps de son point de vue je dois être à mon tour un monstre d'égoïsme puisque c'est à elle que je réserve mes jérémiades, mes doutes, mes angoisses, pour conclure après une heure de discussion sur mon cas par un « au fait, toi, ça va ? ».

Je lui en ai occupé des soirées à retourner mon histoire avec Abdul dans tous les sens, sachant que toujours elle écouterait et jamais elle ne jugerait. Elle est passée grâce ou à cause de moi de sœur siamoise à cible à abattre pour lui, elle a tremblé, elle a ragé, mais elle ne m'a jamais lâchée. Et je lui en ai cassé des baraques, que ce soit gamine avec les punks

(« Dis, tu vas pas me laisser, copine, on est ensemble on reste ensemble, on est mieux dehors toutes les deux que chez ce mec que je sens pas », en toute bonne foi, je ne comprenais pas pourquoi elle voulait suivre ce garçon) ou plus tard, devenue adulte, je voulais toujours préserver sa respectabilité, et comme elle m'a longtemps caché son côté obscur, elle se ruinait des plans elle-même quand j'étais là (je le sais, c'est moi qui ai reçu les coups de pied sous la table au restau quand Houellebecq a parlé de boîte à partouze). À la lecture des premières interviews qu'elle a données, après le succès de *Baise-moi*, c'est tout juste si je ne la faisais pas passer pour une mytho. Aux gens qui s'étonnaient de la vie mouvementée qu'elle racontait je disais facilement : « Naaaaaaan elle a pas fait tout ça, elle exagère, j'étais toujours là et j'ai rien vu ! » Faut dire que j'avais du mal à admettre qu'on peut vivre à côté des gens sans savoir ce qu'ils font et c'est pourtant ce qui arrive quand on s'intéresse plus à soi qu'à eux.

Je peux aussi être possessive et hypersensible, pour le moins entière, et je me suis permis quelques jugements hâtifs et plusieurs crises de jalousie, je m'attendais tellement à ce qu'elle me laisse tomber quand elle s'est mise à fréquenter des actrices, des filles qui me semblaient fascinantes et des gens que je voyais dans les magazines. Mais elle a toujours su calmer le jeu, me rassurer et me garder une place. Même si rien n'est jamais acquis, on a dû s'engueuler deux fois en vingt ans et je ne crois pas qu'on ait frôlé la fin de l'histoire. Quand ça se passe comme ça, je me dis que l'amitié vaut la peine qu'on s'accroche, et j'en arrive à penser qu'entre famille et amis, je suis quand même drôlement bien lotie, alors si en plus j'étais heureuse en amour, je ne pourrais plus ruiner les autres au poker.

« La terre est la pulpe de notre chair. »
(Pensée cheyenne)

Et notre environnement la source de notre qualité de vie.

J'habite au cœur d'un immeuble sympathique et convivial : j'ai à ma gauche une furie hystérique qui hurle sur ses enfants à longueur de journée (elle ne les supporte pas mais adore être enceinte, légalisons donc les mères porteuses), à ma droite, en étage, un couple de fans de Johnny dont l'un prend ses repas devant la télé et l'autre à la cuisine, en écoutant Jojo à fond, ce qui ne les empêche pas de converser, en criant. Ce qui fait que même quand le temps est clément et que je voudrais profiter de ma cour pour m'imaginer à la campagne, je suis vite rattrapée par la réalité urbaine et je finis par m'enfermer. En mettant la musique à fond pour tenter de couvrir la répét' de ragga de l'appartement voisin où vient de s'installer un jeune blanc-bec à dread locks, plus bête que méchant, qui n'a pas compris qu'on ne pouvait pas infliger à ses voisins la même intro vingt fois de suite à grand renfort de batterie et d'ampli quand on a des murs épais comme du papier à cigarette (d'ailleurs, à l'allure où il roule, il va finir par fumer les murs), sans les rendre fous.

J'attends que les retraités du dessus sortent le fusil, eux qui avaient rédigé une pétition afin que la précédente locataire ne soit plus autorisée à avoir des relations sexuelles car elle criait trop fort (paraît-il, le bruit n'arrivait pas jusqu'à moi, tandis que là les murs tremblent).

Je la soupçonne d'avoir elle-même trouvé son remplaçant pour se venger, mais je semble être la seule résidente incommodée, peut-être qu'une bande de raides est plus impressionnante qu'une jeune fille.

En attendant, j'avais suggéré à mon noctambule voisin de palier de ne pas fermer la porte de la rue la nuit, pour éviter à ses potes de sonner, hurler, claquer la porte sans arrêt en nous réveillant chaque fois, et ce qui devait arriver arriva, un matin en partant à l'école mon fils a trébuché sur un SDF qui dormait dans l'entrée.

C'était très embarrassant et comme je n'assumais pas d'expliquer à un gamin de sept ans que c'est la vie pour certains dans notre *wonderful world*, je me suis sentie obligée d'inviter le bougre à boire un café et, un mot en entraînant un autre, j'en suis venue à lui proposer d'utiliser notre salle de bains.

Je me suis lancée à corps perdu dans un grand ménage de l'appartement pour me donner une contenance et faire du bruit (pour masquer les siens et ne pas être tentée d'analyser leur provenance exacte) avant de penser qu'il allait peut-être croire que je désinfectais sur son passage, j'ai alors voulu sembler très occupée en passant des coups de fil, mais je ne peux pas appeler grand monde avant dix heures du matin.

Il a fini par partir très dignement avec des chaussettes propres et un caleçon neuf, vestiges du père de mon fils soustraits à son héritage (il lui restera quelques disques de funk et des cassettes de Bruce Lee) et je lui sais gré d'avoir feint d'avoir des activités qui l'appelaient au-dehors (qu'est-ce que j'aurais fait s'il avait décidé de passer l'hiver ici ? ou s'il m'avait dit : « Bon je retourne dans l'entrée, si vous pouviez mettre le son de la télé assez fort pour que je suive les infos » ?).

Pendant qu'il marinait (une heure de récurage pour que la baignoire redevienne blanche après) les voisins du dessus étaient venus rouspéter que la porte n'étant plus jamais fermée, un clochard avait dû rentrer parce que ça puait et que c'était intolérable (mais à mon cher voisin de palier qui hurle dans le micro avec ses potes jusqu'à quatre heures du mat' ils ne font aucune remarque, c'est définitivement plus facile de se défouler sur une fille seule), le gars m'a dit après qu'il avait failli sortir à poil du bain pour intervenir, parce qu'on n'avait pas à me parler comme ça, en tout cas il va changer d'immeuble pour ne pas me faire d'histoires, le brave.

Ainsi va la vie, le soir j'ai dû inventer une histoire pour que mon fils ne verse pas une larme en pensant chaque fois qu'il va se coucher que d'autres s'allongent sur des cartons dans des halls d'immeuble.

« Les araignées ne dorment jamais. »
(OTH)

Le soir, après avoir endormi le fillot à coups d'histoires, de chansons, de discussions, de verres d'eau et de énième bordage de couette, je vaque à mes occupations ménagères et enfin je me plonge dans un bon livre.

Là, il se réveille parce qu'il a mal au ventre, donc il va sur les toilettes une demi-heure, puis je dois l'aider à remettre les attelles qu'il avait enlevées, tout un appareillage de nuit assez compliqué visant à lui remettre les jambes droites, et à se recoucher, parce que muni de ces deux grandes bottes des hanches aux orteils il ne peut plus se mouvoir seul.

Dix minutes après, je cède à ses plaintes et je me relève parce que la couette ne formait pas un angle droit parfait avec le mur, donc il ne pouvait pas dormir. Parfois je refuse de me lever, alors il supplie la couette de se placer correctement et comme elle possède une force d'inertie bien supérieure à la mienne, c'est moi qui m'exécute.

Quand enfin je m'endors, un connard sonne à la porte parce qu'il va chez mon voisin, une personne sur deux se trompe de sonnette depuis que j'ai ce nouveau voisin qui n'a pas mis son nom sur sa sonnette. Je reprends mon livre et, quand j'éteins, mon fils se réveille parce qu'il a fait un cauchemar, je le rendors et là miracle j'ai un répit de deux heures, pendant ce temps-là je fais ce que je veux, je décide de dormir.

Deux heures plus tard, il a mal au zizi, parce que parfois il fait de la rétention d'urine et il faut le sonder (aller chercher le pipi dans la vessie en y enfonçant un tuyau), en général c'est quand j'attaque la phase de sommeil profond, je gagnerais sans doute un prix au concours de sondage les yeux fermés.

Là, quand j'ai terminé, je suis bien réveillée, mais sa douleur l'a tellement fait transpirer que son lit est trempé, je dois le recoucher dans le mien et je ne peux donc plus lire.

Je fixe le plafond pendant ce qui me semble une éternité et après ce qui me paraît un bref instant d'assoupissement, le réveil sonne l'heure de se lever. Je profite alors des dix minutes les plus délicieuses de sommeil réparateur bourré de débuts de rêves prometteurs, et je suis en retard.

Ce n'est qu'une nuit parmi tant d'autres, pas même la pire puisqu'il ne s'est pas rajouté de fausse alerte, il ne m'a pas réclamé un deuxième verre d'eau ou une autre couette, j'ai pu éteindre la télé (inespéré car, sans bruit, il ne peut pas s'endormir) peu après minuit, et même la lumière, à un moment. Je ne me suis pas fâchée, je n'ai pas pété les plombs, je n'ai rien fait voler à travers la pièce, mais que les psys arrêtent de me bassiner avec la peur de l'abandon liée à son père (il a passé de bons moments avec une jeune psy qu'il a baladée de séance en séance en faisant une liste improbable et évolutive de ses peurs, des pirates aux sorcières en passant par les fantômes et les piranhas qu'elle dessinait et qu'il détruisait), que les toubibs arrêtent de me seriner avec le trauma des anesthésies subies, parce que ça fait des années que ça dure et ça ne s'arrange pas. C'est difficile de démêler le vrai du pipeau, les manies des tics, la douleur de la gêne et l'angoisse de l'ennui, tous les petits garçons font des caprices et beaucoup veulent dormir à la place du père. Difficile de savoir ce qui apaise et ce qui entretient la phobie, et ce n'est pas l'analyse qui nous aide à dormir.

« À bas les boutons-pressions,
vive les fermetures Éclair ! »
(Coluche dans une parodie de manifestation)

Les parents d'élèves m'ont montré un courrier qu'ils envoient à l'inspection académique pour se plaindre de la température dans l'école, c'est beau de garder son âme d'enfant, en hiver ils manifesteront contre le froid, parce que dans une école idéale on devrait toujours avoir une température moyenne, des maîtresses souriantes et des enfants joyeux.

Juste avant, j'avais visionné les rushes d'un court-métrage réalisé sur une journée à l'école maternelle, et, s'ils avaient vu les images que j'ai jetées, ils auraient eu d'autres doléances.

J'étais restée scotchée devant un écran de PC huit heures d'affilée pour le montage vidéo et je devais revoir dix fois la récréation pour traquer les scènes non présentables de baston juste à côté de maîtresses trop occupées à parler *sex toys* (l'une à grand renfort de gestes à l'autre rougissante qui tentait d'éloigner les enfants), pour faire disparaître les images de dames de service rhabillant des gamins la clope au bec, pour chasser les gros mots qui peuvent fuser (ce qui nécessitait d'avoir en permanence le volume à fond), traquer les éventuelles bavures (je ne m'étendrai pas là-dessus) et devoir compter le nombre de fois où on avait montré tel ou tel enfant, car les parents ne comprendraient pas qu'on n'ait pas eu envie de filmer leur trésor qui avait toujours la morve au nez.

Même si je terminais la journée toute boursouflée et les yeux explosés, j'adorais ça et je fus très fière du résultat, qui malgré ces quelques coupes bienveillantes rendait bien compte de la pression et du travail que représente une journée en collectivité d'enfants de trois à six ans.

Enfin, quand il commence à faire chaud au point de faire une pétition pour la climatisation des locaux, c'est que c'est bientôt les vacances !

Bientôt plus de cris, de pleurs, de morsures, d'étranglements et de coups de pied dans le menton (oui, ils sont toujours un peu survoltés à la fin les petits). Je ne vais plus devoir me retenir trois heures pour aller aux toilettes de peur de trouver un blessé à mon retour en classe, je vais pouvoir déscotcher mon sourire béat et ranger mon habit de clown.

Plus de mousseux en plein cagnard pour célébrer le départ de celle-ci, l'arrivée de celle-là, en fin d'année, je ne peux plus voir une coupe sans que mon estomac se soulève.

Plus de cadeau à faire ou à recevoir, plus d'adieu ému ou tendu, plus d'embrassade sincère ou hypocrite. Plus de bilan, de tri, de déménagement, de rangement.

Juste buller, lire au lit, répondre à des conneries de

chaînes, de jeux ou de tests (envoyés par des travailleurs qui, eux, ont plus que le temps d'aller pisser pendant leur temps laborieux, mais je ne veux pas polémiquer) et éventuellement à mes relances de factures. Réfléchir au temps que ça laisse pour réfléchir d'être seul, puisque je suis à nouveau seule, cette fois je crois que c'est la bonne, je me sens libérée et sereine, un brin de mauvaise conscience en fond, mais ça va passer.

Je vais pouvoir mettre des talons et me superficialiser à bloc au contact de la blonde, parce que « être toujours impeccable c'est une question de respect de soi » dit-elle, mais se laver les cheveux tous les deux jours, s'épiler, se brushiner, se maquiller tous les matins ça représente un sacré paquet de temps au final, et les corrections des évaluations, la préparation de la kermesse, du spectacle, du voyage de fin d'année m'avaient un peu amenée à sucrer la pimpance, à sortir les cheveux attachés, le teint blême et les jambes en jachère j'avoue.

Je vais pouvoir boire des coups en terrasse, laisser le temps couler et respirer.

Et puis, si je m'ennuie, je fumerai des clopes.

« Développés, et paraît-il civilisés,
mais on attend que l'extrême passe
pour se mobiliser. »

(Hocus Pocus)

L'actualité politique du pays m'a un peu gâché mon été.

Fait chier je suis nulle en espagnol, en Italie y a longtemps qu'ils font plus semblant... Avec mon fils je ne peux pas partir trop loin... On ne peut quand même pas rester dans un pays où la majorité des votants partage les idées du Front national ? Où le borgne ne s'efface que quand le nain le remplace ?

En vérité, on reste, alors que déjà un tiers des sondés assume la xénophobie, que les serveurs me font goûter le vin à moi quand je vais au restau avec un Arabe et que l'on me questionne régulièrement sur la taille du sexe des Noirs comparativement aux Chinois, on continue d'être poli et aimable même quand on s'adresse à ce tiers-là.

Fuir n'est pas la solution, surtout quand on n'est pas un cerveau et que tout le monde s'en fout, alors dois-je défriser les cheveux de mon fils et transformer son nom ?

Puis, bien planqués, on regardera brûler les homos ? Ça me rappelle ce texte anonyme et intemporel :

Quand ils sont venus chercher les communistes,
Je n'ai rien dit, je n'étais pas communiste.
Quand ils sont venus chercher les syndicalistes,
Je n'ai rien dit, je n'étais pas syndicaliste.
Quand ils sont venus chercher les juifs,
Je n'ai pas protesté, je n'étais pas juif.
Puis ils sont venus me chercher
Et il ne restait personne pour protester.

Je rêve d'un refuge où on resterait entre tolérants solidaires et aimants, d'un endroit sans différence de couleur, de sexe ou de croyance...

Peut-être que les récentes élections vont réveiller l'extrême gauche, puisqu'il n'y a plus de gauche ? Peut-être que les « justes » vont sortir de l'ombre ? faire la révolution ?

En tout cas méfiez-vous, les gars, si un jour j'ai le pouvoir, parce que je suis cool mais faut pas me faire chier, je ne sais pas pardonner. Et la liste est longue de ceux que j'abandonnerai dans les geôles des assoiffés de sang (parce que, même dans mon paradis, il y en aura, c'est dans la nature humaine, pour avoir beaucoup d'amour à donner j'ai toujours pensé qu'il fallait évacuer un peu de haine).

Alors attention à toi, salopard de la CDES (un organisme conçu pour aider les handicapés au départ, le problème c'est que pour les enfants c'est une commission qui décide qui est handicapé ou non et parfois cette commission se réduit à un bonhomme qui voit là l'occasion de se prendre pour Dieu) qui as décidé quand on est arrivé dans la région que l'état de santé de mon fils s'était amélioré (alors que ne pas marcher à deux ans et demi me semblait plutôt plus inquiétant que lors du premier contrôle, à six mois), qu'il faisait semblant de ne pas tenir debout « parce qu'on les connaît, les filles qui font des gamins toutes seules et comptent sur les allocs pour les élever », comme si les quatre-vingts euros alloués allaient tellement ruiner la France qu'il se faisait une mission de vérifier qu'on les méritait vraiment (le même Dupont la joie, alors que je demandais une subvention pour acheter un vélo spécialement adapté m'avait répondu : « C'est dingue, va bientôt falloir rembourser les piles des appareils auditifs des sourds ! »).

Planquez-vous, les tire-au-flanc qui ne voulaient pas changer la couche d'un gamin incontinent sous prétexte que ce n'était pas dans vos attributions, alors que vous l'aviez accueilli en connaissance de cause et vous aviez même parfois le statut d'« aide à l'intégration », et tous ceux qui l'ont laissé partir mouillé jusqu'aux chaussures pour régler leurs conflits d'adultes.

Gare à vos miches, les forains qui n'ont pas voulu qu'il monte seul avec ses copains du même âge dans leur manège, et qui m'ont fait payer ma place pour l'accompagner, pour l'instant je me suis contentée d'éloigner le plus de clients possible de leur stand, dans ma vie rêvée j'y mettrai le feu.

Et puis là je n'ai en tête que les conflits récents mais je n'ai rien oublié, même si je sais très bien faire croire le contraire, je suis très rancunière.

Je ne vis pas avec le cerveau embrumé de rancœur, je ne suis pas aigrie, mais si l'occasion m'en était donnée, je saurais me souvenir de tous ceux qui ont tourné la tête quand ils ont craint que je ne les sollicite.

J'attends un peu mon heure.

Malheureusement on reste, même si c'est Sarkozy qui est au pouvoir, même si tous les jours des charters emmènent vers la misère des gamins raflés à la sortie de leur école ou des adultes ligotés, pour qu'ici l'impôt sur les grandes fortunes puisse être diminué, parce qu'on est lâche, parce qu'on n'a pas les moyens de partir, parce que le dossier médical de mon fils est ici.

« Nos défaites d'aujourd'hui ne prouvent rien, si ce n'est que nous sommes trop peu dans la lutte contre l'infamie, et de ceux qui nous regardent en spectateurs, nous attendons qu'au moins, ils aient honte. » Bertolt BRECHT

« Avoir un bon copain, voilà c'qui y a d'meilleur au monde ! »

(Maurice Chevalier)

Il paraît que Gainsbourg a dit un jour un truc du genre : « Accroche un jambon devant ta porte et ta maison ne sera jamais vide. » Qui peut donner ce conseil à une fille qui débarque dans une ville et ne connaît pas grand monde ?

Quelqu'un peut-être pas malattentionné, mais en tout cas pas bien exigeant sur les rapports humains, parce qu'en proposant aux gens de la bouffe, de l'alcool et tout ce qui leur ferait plaisir, faut pas s'étonner d'attirer que les crevards.

Je vois bien les rapports que j'ai entretenus par le passé avec ceux qui nous ouvraient leur maison familiale où on trouvait toujours à manger, à boire, à fumer, sans rien demander en échange, juste notre présence : ça force pas le respect malheureusement, ça n'entretient pas la réciprocité de l'amitié. J'avoue que ça nous posait pas trop de problème de conscience de prendre ce qu'ils ne nous donnaient pas. C'est comme ces gamins qui offrent leur goûter aux autres à la récré pour avoir des amis, ça marche pas comme ça, quand les amis sont rassasiés, ils s'arrachent.

Pis, en général, on oublie sur place les plus crevards des crevards, on abandonne les blessés en route, c'est ceux-là qu'on cède à celui qui voulait de la compagnie.

Mon fils vient de rentrer le cœur en miettes. Je m'en veux de l'avoir encore laissé partir seul avec GI Joe, qui l'avait déjà laissé pleurer vingt minutes en haut d'un plongeoir de six mètres à l'aube de ses quatre ans « parce qu'on ne fait pas la girouette » (la tapette pensait-il très fort) et qu'il avait voulu monter, alors qu'il avait la varicelle et que je le pensais sur son canapé en train de regarder des dessins animés.

Je me remets (trop) facilement en question, et je m'étais dit alors qu'il était peut-être un peu élevé dans du coton, que son père aurait pu lui faire ce genre de coup (m'enfin n'avoir ni le beur, ni l'argent du beur c'est peut-être doublement dur), que ça le viriliserait, le mot est lâché. Une mère qui élève seule son fils craint forcément de ne pas en faire un homme, un vrai.

Je pense que c'est faire preuve d'intelligence que d'admettre qu'on ne sait pas tout, mais c'est comme ça que je me suis retrouvée quand il avait dix-huit mois à laisser un pote s'obstiner à lui faire manger des morceaux malgré ses vomissements parce qu'il ne voulait pas croire qu'il avait le réflexe nauséeux par exemple.

J'ai un paquet de potes qui pensent connaître mieux sa pathologie que les spécialistes qui le suivent.

Là, c'est comme un coup de poignard dans le dos, de la main de celui qu'on considérait comme de la famille, qui est son principal « référent masculin » s'il en faut un et qui nous aime beaucoup par ailleurs, je ne peux pas croire qu'il ait voulu faire mal, ça ne s'explique que par la bêtise : en gros il a dit à mon fils qu'il fallait qu'il arrête de faire le bébé, que, s'il acceptait de grandir, il pourrait retirer ses couches (il doit croire qu'il fait de l'énurésie) et il a réussi à lui faire avouer qu'il voulait que je le sonde soir et matin pour profiter de ce contact privilégié avec moi...

À l'en croire, mon fils est SM avant l'âge : pourquoi aller simplement aux toilettes quand on peut avoir la chance de vivre en toute légalité des petites tortures quotidiennes ?

Je précise que les sphincters de cet enfant sont irréversiblement dysfonctionnants, la moelle épinière est atteinte donc les terminaisons nerveuses sont mortes, l'urine coule en permanence au goutte à goutte et parfois se bloque, ça s'engorge, c'est très douloureux et il faut y aller avec un tuyau en appuyant sur le bas-ventre, c'est fastidieux et brutal, mais il faut le faire pour éviter les infections des reins.

Sur le coup, quand ils sont rentrés, il en a un peu parlé, genre ils avaient eu une conversation entre hommes et j'allais être fière « il n'allait plus m'embêter le gamin », ce dernier a pris un air complice genre « OK j'admets je suis un filou ». Moi j'ai voulu changer de sujet, je ne parle pas médecine à tout-va, il me parlait du sondage : il est contre. Il aurait pu être contre l'appendicite mais il a choisi le sondage comme combat. Il pense que ça rend les muscles paresseux de ne pas les mettre davantage à contribution, il n'a pas compris qu'il n'en a pas, mon fils, de muscle à cet endroit-là, bref, j'ai préféré parler d'autre chose, et, dès qu'il est parti, le petit a tapé dans le mur en disant : « Qu'est-ce qu'il croit, que ça me fait plaisir d'être sondé ? » Et il a fondu en larmes. Il avait pris sur lui tout l'après-midi devant tant d'incompréhension pour cacher sa colère, sa déception, son humiliation.

Je l'ai consolé maladroitement en lui disant que moi je ne doutais pas de lui et que la cruauté découlait souvent de l'ignorance.

Je ne pense pas que ce soit rassurant, se dire que nous sommes une poignée à comprendre sa douleur, qu'on est cernés par les imbéciles et qu'il n'a pas fini d'être déçu, en même temps ce soir je me demande en qui je peux vraiment avoir confiance, à qui je peux le confier sans craindre de le récupérer laminé, à cause d'une blague ou d'un conseil.

Qui autour de moi a vraiment bien compris ce qu'il a ? À force de pas en parler, à force de ne pas se plaindre.

Cet ami, qui s'appelle Rémi et qui est sans famille, vient chez moi tous les dimanches en fin d'après-midi, que je sois à la maison ou pas, il traverse toute la ville à pied et vient sonner chez moi. J'étais contente quand nous sommes arrivés dans cette ville d'avoir trouvé un ami si fidèle. Il n'a pas de gamin et considère mon fils comme un enfant indigo (un genre d'être élu, exceptionnellement sensible et intelligent, si j'ai bien compris) qu'il est fier d'accompagner dans la vie.

Je pense que son rôle de guide va s'arrêter là.

« Good Morning Starshine »
« Let the Sunshine in »

(Bande originale du film *Hair*)

À force d'en vouloir aux flics, aux bigots, aux politiques, aux copines collantes et aux hommes stupides, j'ai failli virer acariâtre et égoïste, maniaque et misanthrope. Une vieille fille pleine de manies, qui finirait seule, dévorée par ses chiens si elle en avait, car j'avoue m'être sentie superbien dans ma peau retrouvée de célibataire endurcie. Mon fils était chez mes parents, aucun mâle à la maison.

Réveillée par le téléphone à onze heures, après une nuit sans heurt dans un grand lit confortable que je n'avais partagé avec personne, je tchatchais une heure en culotte avec la grande, les pieds en l'air, avant d'aller me faire du café. Ensuite j'avais le choix entre me recoucher avec un bon livre et écrire un peu, si on sonnait à la porte je ne répondais que si j'en avais envie (parce que quand mon fils est là il répond toujours, même si je suis en train de m'épiler les jambes avec un masque à l'argile sur la figure, il ouvre la porte), je faisais ce que je voulais, je n'avais pas de comptes à rendre. Je ne préparais pas à manger, personne ne s'en plaignait, je me nourrissais d'oursons à la guimauve et de pains aux figues décongelés, je ne me lavais ni ne m'habillais de la journée, je sais, au bout de quelque temps ça commence à ressembler à une dépression, mais, au début, c'est cool la solitude.

Profitant de ma liberté, je décidai de récupérer mon fils pour « monter à Paris » et participer à « Jeu sans enjeu », une émission sur Direct8, la télé montante. Il était invité alors qu'il n'avait que sept ans, pour participer à un *blind test*, parce qu'il est fan de Nirvana depuis l'âge de quatre ans (sans influence de ma part, Dieu sait si je trouvais choquant de le voir chanter *Rape me* à cet âge), et qu'il reconnaît à l'intro n'importe quel morceau de funk. Nous étions invités par la grande surtout, c'est l'avantage d'avoir une marraine qui connaît du monde et qui passe à la télé.

Il faisait équipe avec Bertrand Burgalat, qui fut son « papa télévisuel », simulant sur le plateau les retrouvailles du fils prodige en faisant jaillir de vraies larmes, déconcertantes, auxquelles mon fils a répondu en montrant de grandes dispositions pour le théâtre.

On ne peut pas toujours profiter des relations de la grande, le jour où j'aurais pu rencontrer Angela Davis par exemple, j'étais en chambre mère-enfant au CHU pour une double opération des pieds et des genoux.

Virginie a rencontré l'héroïne des Black Panthers à Paris, et j'étais confinée dans une chambre de trois mètres carrés avec le minot qui avait la main d'Elephant Man, occupée à prendre son mal en patience. La perfusion avait fait exploser sa veine, mais il ne se plaignait pas, il aurait aimé qu'elle reste comme ça pour impressionner ses camarades de classe. Il les a suffisamment épatés avec ses deux plâtres des orteils aux cuisses : six mois avec un pantalon en dur. Et, un mois avant qu'on lui retire, il m'avait marché sur le pied, me fracturant un orteil. J'avais serré les dents car il culpabilisait déjà assez comme ça. Il restait assis, pendant les récrés, le sport, les fêtes et les soirées, s'il tenait le coup ce n'était pas moi qui allais craquer. On tient peut-être comme ça d'ailleurs, chacun voulant montrer à l'autre qu'il n'est pas le moins fort.

En même temps, il a toute la candeur que n'ont parfois plus les gamins de son âge. L'autre jour (ça y est je me lance, je fais du *stand up*) il écoutait une blague qu'un gamin de sa classe lui faisait : tu fermes tes mains l'une sur l'autre et tu dis : « Qu'est-ce qu'il y a dans la boîte ? Clip, clap, la quéquette à Jacques Chirac ! » Il rigole comme un gamin de cet âge peut rigoler et le voilà qui me la refait : « Qu'est-ce qu'il y a dans la boîte ? Clip, clap, la casquette à Jacques Chirac ! » N'est-il amour ?

Par contre, il me met une pression terrible pour avoir un animal, disant qu'il n'a ni frère, ni sœur, ni papa et gnagnagna, comme si moi je ne rêvais pas d'avoir une grosse boule de poils dans le jardin qui jouerait avec mes nombreux enfants avant d'aller se promener avec l'homme riche et beau que j'aurais épousé.

Le problème c'est qu'on n'a même pas de jardin. Alors il veut un hamster.

J'ai déjà eu une mauvaise expérience avec un hamster, d'abord c'est un animal nocturne, ça dort toute la journée et la nuit ça se venge de ce qu'on a dû le déranger pendant son sommeil en faisant toutes sortes de bruits agaçants. On dit que c'est propre ces bestioles-là, je pense que j'ai eu un hamster punk moi, il chiait dans sa roue et après il pédalait de toutes ses forces pour la faire tourner, ça balançait de la merde partout, c'était une horreur.

Pis, régulièrement, tandis que je nettoyais sa cage, il se sauvait derrière le Placo en creusant un trou pour le traverser, qu'il ne retrouvait pas pour sortir. Quand il avait pitié de lui perdu dans les murs depuis des jours, avec la laine de verre comme seul subside, le professeur Abdul, ami des bêtes, perforait le mur, là où on le localisait à l'oreille, parfois il fallait faire plusieurs trous pour le retrouver, notre appart était un vrai gruyère à la fin.

Donc je n'ai pas très envie de céder.

À choisir, c'est sûr que je préférerais un chien, mais j'ai déjà démontré mon incompétence en matière de dressage avec le rottweiller hérité d'Abdul (ami des bêtes, mais pas trop sur la longueur) qui m'avait fait renvoyer du club cynophile, après m'avoir traînée dans la boue sur une dizaine de mètres pour aller saluer son copain colley. On travaillait la sociabilité mais l'homosexualité était mal vue au club de dressage de la gendarmerie de Brignais...

« Let's Groove Tonight. »
(Earth Wind and Fire)

Ce qui est vraiment chiant quand on n'est pas en couple, c'est qu'on ne peut pas niquer quand on veut, c'est peut-être une évidence, mais moi ça m'a frappée de plein fouet alors que je me gargarisais de mon célibat.

Sans être totalement obsédé, on peut admettre que certains plaisirs de la vie sont indispensables à l'équilibre, comme le chien a besoin de caresses, j'ai besoin d'éclairs au chocolat et tout le monde a besoin de rapports sexuels.

Je développais cette théorie à ma blonde tandis que nous nous rendions à une fête dans le garage d'une villa, exactement à vingt mètres de là où j'habitais à l'âge des premières boums. *Bad trip* en fait, j'ai dû développer trop fort car je suis arrivée précédée d'une réputation de chaudasse terrible qui fait que tout le monde se sentait obligé de me présenter un célibataire, total *revival* des boums de mon enfance (« mon copain il aimerait bien sortir avec toi »). De mon malaise a découlé une tendance à vouloir disparaître qui m'a poussée à trop tirer sur un joint, j'ai voulu taper un pauvre type qui ne voulait pas me laisser mettre mes disques (depuis toujours, c'est un sujet épineux pour moi la musique dans les soirées) et j'ai failli vomir sur les pompes d'un dit célibataire.

Le mélange herbe-alcool ne m'a jamais réussi. En lune de miel à Amsterdam, j'étais carrément tombée dans le coma, je m'étais roulée dans mon vomi aux pieds de mon compagnon, très lord anglais, qui avait tenté de me mettre en garde contre les tests en matière de substance illicite, et qui pour ne pas se salir avait laissé les serveurs du *coffee shop* s'occuper de moi. Devant son exaspération j'avais pris la mesure de mon humiliation. Je ne remettrai d'ailleurs les pieds dans cette ville qu'avec une perruque et des lunettes noires.

Là-dessus, le pote qui m'avait introduite à la boum m'a rappelée le lendemain pour savoir s'il pouvait laisser mon numéro de téléphone à l'un des invités, je lui ai dit de laisser tomber, puisque je ne gardais aucun bon souvenir de cette fête, puis je me suis ravisée sur conseil de la blonde qui accusait mon degré de raiditude de m'avoir fait perdre ma capacité d'évaluation du bougre.

Le gars a appelé dans le quart d'heure, je l'ai laissé parler à ma messagerie pour me faire une idée sur la voix (imaginez deux cailles en train de se bidonner autour d'un portable), et là, la misère totale, j'avais littéralement Nounours (de « Bonne nuit les petits ») avec un accent lorrain (bouseux) effroyable, mêlé d'une intonation racaille abominable sur mon répondeur, un sketch ! J'aurais pu le commercialiser, vraiment, bref, je me suis dit : C'est réglé, laissons tomber je ne pourrai jamais le rencontrer.

Le problème c'est qu'il a rappelé tous les quarts d'heure jusqu'à une heure du matin !!!

Au début je trouvais ça lourd, puis carrément irrespectueux, au quinzième appel j'ai trouvé ça effrayant, seul un être profondément déséquilibré pouvait faire ça, alors je ne trouvais tellement pas les mots pour lui dire ce que je pensais de son attitude que j'ai continué à ne pas lui répondre et j'ai même abusé de l'hospitalité de la blonde au cas où il aurait aussi mon adresse.

Et, au bout de quelques jours, il est passé à la phase agressive, avec un message limite « saaaaaaaaalope ! ». J'aurais pu louer une paire de couilles et lui répondre de me laisser tranquille, d'autant que ça pourrait lui être utile dans la vie de savoir qu'il n'emballera jamais en s'y prenant comme ça, mais mon truc à moi c'est plutôt la technique de l'autruche, j'entends par là non pas me mettre la tête dans le sable et sortir les fesses, mais faire comme si de rien n'était et attendre que ça passe, donc j'ai changé de numéro de téléphone.

Ah, il me paraît loin le temps de Chouqui et de ses potes de *battle*, qui me passaient le mic, dans les soirées, me tapaient dans le dos comme à un lascar et m'envoyaient des sms en vers par-derrière :

Mes hormones de bonhomme
des envies me donnent
Mais attention qu'il n'y ait pas maldonne,
car tu es pour moi une madone.

C'était quand même plus agréable.

Mais ils n'étaient pas tous finauds non plus et, un

soir, j'ai dû remballer fermement son cousin (Chouqui était tellement jeune et beau, une liane de miel, tout en muscles dorés, un sourire étincelant, un regard vert anis, rien à voir avec son cousin) qui voulait passer chez moi, alors qu'il venait d'être papa, qu'il est à peu près aussi sexy que Carlos (le chanteur, même pas le brigand), et qu'il faut arrêter de me prendre pour une huître, « ce n'est pas correct de passer voir une dame seule chez elle après 21 heures ! ». J'ai dû mettre le holà, j'en avais ras la foune d'être la mère Teresa du cul.

La grande pense que c'est à cause de mon passé que je ne sais pas dire non, à force d'avoir subi, mais je n'ai pas tant de propositions non plus, donc je n'ai pas souvent envie de dire non, en tout cas, ça m'a pris tout juste vingt ans pour y parvenir, mais cette fois-là j'avais été cash :

« Si ton cousin t'a donné mon adresse comme maison du réconfort, sache que la maison ne rend plus service en matière de besoins pressants. »

« *Get up, stand up, don't give up the fight.* »
(Bob Marley)

C'est quand même hallucinant le nombre de personnes autour de moi qui connaissent ce que j'appellerais des « troubles psychiatriques » !

Depuis le père de mon fils, je me demande si je les attire.

Parfois ce sont simplement des gens trop gentils, trop entiers, trop concernés, parfois trop passionnés, sauvages, inadaptés à la société dans laquelle on vit. *Oh ! les gars, on n'est plus des ados, faut accepter la dure réalité de la vie, on ne changera pas le monde en faisant don de sa personne !* Surtout au néant.

J'avais rencontré dans la mouvance hip hop un lascar qui était la pimpance incarnée, un excellent danseur, toujours la pêche, généreux, gracieux, qui écrivait des textes sublimes, jamais agressifs même dans les *battles*. Un poète qui a commencé à nourrir des pensées mystiques et ésotériques, vite transformées en idées noires. Un garçon brillant, qui a lâché la rampe un temps. Plus question de danser, il a usé son énergie en marchant dans les rues la nuit et mis sa prose au service de sa parano, il écrivait avec ses larmes et scandait ses vers aux noctambules, même quand ils avançaient vers lui avec la matraque et l'uniforme. Personne ne pouvait lui tenir la main en permanence, c'est déjà assez dur de s'occuper de soi, alors pour ne pas se sentir coupable d'avoir relâché la surveillance et risquer d'avoir sa mort sur la conscience, ses potes l'ont fait enfermer, le temps que ça lui passe.

Mais souvent ça ne passe pas, c'est comme la famine ou la guerre.

Comme personne n'avait rien trouvé d'autre pour l'empêcher de se foutre en l'air en attendant que le monde change, il a passé l'été au frais avec des gamines anorexiques, des vieux aux poignets tailladés et un clochard qui voulait tuer Jacques Chirac.

J'allais le voir au milieu de ces zombis, tous la bave aux lèvres et les gestes au ralenti, il était l'un d'entre eux, le regard vide, on aurait dit *Vol au-dessus d'un nid de coucous*, et je me sentais coupable de n'être ni sa mère, ni sa femme, ni sa sœur.

Il en est sorti brisé, l'ombre de lui-même, le cerveau ravagé par les médicaments et le cœur meurtri par l'expérience.

Il y a plus de vingt ans, quand j'ai rencontré la grande, elle sortait de l'hôpital, ses parents l'avaient elle aussi internée « pour son bien », pour la protéger d'elle-même, ou pour se protéger eux-mêmes.

De la même façon, une gamine de quatorze ans qui avait quitté Montpellier pour suivre les Bérus et traînait avec nous avait été « mise à l'abri » le temps qu'elle se calme. Face à une allure, une attitude et un discours de rébellion, des parents ne trouvent parfois pas d'autres saints auxquels se vouer que les psychiatres qui prennent alors le contrôle. Que ce soit au départ pour impressionner, pour sanctionner ou pour soigner, la durée du séjour en HP ne dépend pas de la volonté de celui qui a signé l'entrée.

Le résultat est souvent loin de l'effet escompté, stigmatisant à jamais les problèmes de communication entre les générations.

Je ne crois pas à l'internement pour soigner les blessures de l'âme, je ne pense pas que les camisoles réelles ou chimiques solutionnent quelque problème que ce soit, mais je n'ai pas de solution non plus contre l'inaptitude au bonheur.

Je rends hommage à ces cœurs purs, trop sensibles pour supporter les horreurs, les injustices, les conflits qui peuplent le monde. Total respect pour leur trop grande commisération. En effet, il faut être froid et égoïste pour ne pas être atteint par la misère environnante et pour continuer à avancer en enjambant ceux qui tombent. J'admire qu'on refuse d'être un loup pour l'autre et qu'on n'ait pas le goût de vivre au paradis du capitalisme, m'enfin au bout d'un moment il faut arrêter de s'apitoyer sur son nombril et agir, s'engager dans l'humanitaire ou dans la lutte armée que sais-je ?

Ou, au moins, on ne fait pas de gamin dans un monde si cruel : on meurt seul dans son coin, sans laisser d'orphelin. Car j'ai aussi autour de moi des pères qui sautent du cinquième étage ou qui s'agonisent d'alcool sans donner de nouvelles à leur fils, et là j'ai envie de dire vulgairement « il faut se sortir les doigts du cul » et assumer ce qu'on a créé.

Parce que qu'est-ce que ça laisse comme message à un enfant l'impossibilité de vivre d'un père ? Qu'est-ce que ça peut donner comme espoir pour démarrer dans la vie ? Avec le cœur en héritage...

« On ne quitte pas un homme malade », m'a-t-on dit quand j'ai décidé de m'éloigner du mien, alors qu'est-ce qu'on fait face à un homme qui se noie et qui ne veut plus nager ? On se noie avec lui ? Comme on doit arrêter de courir quand son complice s'est fait attraper ? Pourquoi ? La peine sera divisée en deux ? Même pas.

Moi, j'avais un bras malade et je l'ai coupé, pour que la gangrène n'infecte pas tout le corps.

On pourrait considérer aussi que j'avais un bras armé, le canon braqué sur ma tempe, et que j'ai décidé de l'arracher pour continuer à avancer.

On naît seul, on meurt seul, plus facile à constater qu'à assumer.

« Ma France à moi c'est pas cette France profonde... »

(Diams)

Dialogue au sein d'une famille ordinaire un dimanche après-midi devant la télé :

— Hé, maman, regarde, le gars il jongle avec des tronçonneuses en marche !

— Oui, y a des tarés partout, mon chéri...

— Hé, j'imagine la gêne de son fils quand on lui demande ce que fait son père !

— Y en a d'autres dont le père croque des verres dans les bars, on ne choisit pas son géniteur, mon chéri.

Toutes les conversations avec mon fils autour du père sont un sujet de malaise, j'en dis toujours trop ou pas assez, je procède par allusions, sans savoir ce qu'il en déduit, je me dis que, s'il est très intuitif, il comprendra à quel point son père va mal.

Comme par hasard, ses copains ont toujours des parents assez graves, quand ils ne se battent pas à coups de couteau, ils se séparent pour se remarier l'année d'après, quand leur père n'est pas alcoolique, il est dépressif, transsexuel ou bigame.

Son meilleur ami a déménagé après que son père a sauté du cinquième étage, ce qui m'amène à penser que c'est finalement pas si mal de pas avoir de père, mais il ne partage pas mon opinion, il trouve que c'est lui le moins bien loti parce qu'il n'a pas de contact avec le sien.

Pour causer, j'ai demandé un lundi à son nouveau copain ce qu'il avait fait du week-end. Comme il me répondait : « ben, rien », je me mordais les lèvres car je me doutais qu'il ne faisait rien du week-end : à la fin de l'été il était livide de pas avoir décoincé de devant la télé. Et d'un coup il a repris : « Ah oui, samedi soir le père de ma sœur est passé et, comme ma mère n'ouvrait pas assez vite, il a cassé la porte en bas et elle a dû appeler la police pour qu'il n'entre pas chez nous, même mes frères ont eu peur, il était comme fou ! Enfin ma mère a dit que mon père a bien fini par lâcher, les pères de mes frères ont lâché, celui-là finira par lâcher aussi... Quand il est sorti de garde à vue, on s'est réfugiés chez le nouveau copain de ma mère pour être tranquilles et tu sais, le trafiquant d'armes qui est passé à la télé, le gars qu'ils ont arrêté qui avait des tas de fusils et de flingues chez lui, eh ben c'était son voisin, donc il y a eu une descente de police dimanche, ils ont fouillé l'appartement et tout... » Conclusion de mon fils : « Ben tu vois, t'as pas rien fait alors. »

J'ai peur que, suivant mon modèle, son cœur ne l'attire pas toujours vers les meilleures fréquentations. Là où je lui avais quand même montré la limite, c'est quand il s'était entiché, par pure empathie, d'un gamin de son école issu d'un genre de famille Groseille version arabe, et dont, sous prétexte qu'il était sourd, on ne pouvait pas dire qu'il était une brute épaisse. Le père emmenait sa fille aînée au club de boxe avec tous les plus petits en les laissant courir partout dans la salle, y compris sur le ring que lui ne regardait même pas, il regardait le mur, fixement. Ça m'a marquée, on était passé un samedi à ce club de boxe car on connaissait l'entraîneur, il y avait un bordel pas possible avec des gosses qui couraient partout et ce mec debout devant le mur, et je me disais : « Mais qu'est-ce qu'il fout là ? Pourquoi il emmène tous ses gamins, il doit bien voir qu'ils gênent l'entraînement », et mon fils m'avait dit : « C'est parce qu'il veut surveiller sa fille », et le petit sourd, qui était proche de l'enfant sauvage il faut le dire, tapait tout ce qui bougeait, alors là, quand mon fils a voulu aller jouer chez eux, j'ai dû mettre mon veto, l'ouverture a ses limites, imposées par la sécurité.

Comme tous les parents j'aimerais qu'il soit entouré d'enfants gentils, polis et respectueux, je caresse honteusement le rêve qu'il traîne avec des fils de médecins ou d'avocats, voire simplement de parents tranquilles, mais j'ai bien peur de lui avoir transmis malgré moi un penchant pour la marginalité qui transparaît dans ses amitiés. Et comment condamner ça sans me juger moi-même, comment lui reprocher, tout en assumant de lui avoir donné ce père dont il ne sait rien car je n'ose me faire l'écho des nouvelles glauquissimes que j'ai. Comment lui faire comprendre qu'au fond de moi je remercie son géniteur de se tenir loin de nous, de ne pas venir éclabousser de sang sa jolie chambre jaune et de ne pas remplir notre répondeur de sanglots.

Je devrais lui en vouloir de ne pas lever le petit doigt pour nous, en fait je lui sais gré de ne pas lever la main sur nous, c'est terrible.

Je n'ai pas lâchement abandonné son père pour protéger mon petit confort bourgeois, comme je ne panique pas à l'idée de le revoir juste parce que ça contrarie mes projets du week-end. Non, je me suis enfuie pour nous protéger de la vie sordide qui nous attendait aux côtés d'un homme capable de disparaître avec ma carte Bleue et ma voiture le jour où on doit partir en vacances en famille ou de sortir une carabine le soir où ma sœur nous rend visite. Je me suis enfuie pour qu'on puisse avoir une vie sociale et un foyer dans lequel on se sent en sécurité et je tremble de le voir nous y débusquer.

« One Nation Under a Groove »

(Funkadelic)

Tant qu'à vivre sans père et loin des galères, autant se croire dans une bulle à paillettes : enfilons notre habit de lumière et parcourons les parcs d'attractions. Alors pour ce qui est des handicapés, faut admettre que Disney est dans la place ! Franchement, ça sauve la face, quand on va à Disney avec un gone en fauteuil, il est *guest*, grave ! Aucune file d'attente pour nous, alors qu'il y a des manèges où les gens attendent quatre-vingt-cinq minutes (pour un tour qui dure deux minutes parfois). Et dès que les *toons* aperçoivent un gamin en fauteuil, ils virent tous les marmots (qui le piétineraient sans ça) pour se consacrer à lui, tel un méga VIP. Ça fait vraiment plaisir, c'est pour l'instant la seule compensation dans la vie qu'il ait de ne pas bien marcher (le fait que les gens soient toujours plus cool avec lui je pense qu'il le doit à son sourire, à sa personne, tandis que là, lui pense que Mickey a eu un coup de foudre pour lui, mais moi je sais que ce sont les règles d'accueil).

Bon, comme on se doit de rester fidèle à ses convictions et qu'il faut bien un peu reprendre à Mickey ce qu'il prend au peuple, on a un peu convaincu le fiston que tout était en libre service dans le parc (au prix qu'on paye bordel ce serait la moindre des choses !) et j'ai encore pu constater à quel point on nous met dans des cases : quand tu es mère d'un enfant handicapé, tu es forcément honnête, donc on n'ose rien te dire si tu pars sans payer ta pizza, tout le monde te fait aveuglément confiance.

Je sais comme c'est mal d'en profiter, sa marraine a failli mourir de honte, mais « le capitalisme ne s'effondrera pas tout seul, aidons-le ! ».

Étant entendu que je déteste les parcs d'attractions, je fais l'effort pour mon fils et la grande l'accompagne dans les manèges, pendant ce temps-là je tue le temps comme je peux, par exemple en faisant sonner les antivols dans les boutiques. Je regarde alors en ricanant bêtement les vigiles fondre sur des clients généralement jeunes et basanés qui au lieu de dilapider leurs économies en gadgets inutiles s'en vont en leur hurlant dessus assez fort pour leur faire regretter leur méprise.

On a assez répété que l'habit ne fait pas le moine, ils m'ont assez jugée sur l'apparence quand j'avais les cheveux verts, à contrôler systématiquement mes papiers et à me fouiller à la sortie des magasins, si je peux les tromper maintenant que j'ai changé de look, alors vengeance pour tous ceux qui même s'ils se coupent les cheveux n'auront jamais la paix, que ça serve de leçon à tous les garde-chiourmes de l'impérialisme qui soupçonneront toujours les Noirs d'être clandestins et les musulmans d'être terroristes.

Dans la série « si on n'a pas de bonnes jambes, mieux vaut avoir une bonne tête » on a aussi eu droit cet été à un concert mémorable à la presqu'île du Gaou, vers Toulon : installé sur la scène par la sécurité (on ne refuse pas grand-chose à un gamin en fauteuil qui demande à voir George Clinton pour « *shake his hand please* »), le petit bonhomme a fait le show toute la soirée en coulisse avec les musiciens qui se relayaient pour danser avec lui, jusqu'au moment où George Clinton *himself* l'a appelé. À partir de là, il n'a plus quitté la scène, il ne me voyait plus, ne m'entendait plus surtout (car au début j'ai un peu fait mine de le rappeler), il braillait : « *We want the funk* » et « *Make your funk be P-funk* » en se trémoussant devant un public conquis !

Le batteur lui a donné ses baguettes, le guitariste son médiator, on a fait des photos avec Gary Shider, Bernie Worrel, en fait j'ai un peu fait semblant pour ne vexer personne, en vérité j'avais plus de pellicule...

J'étais contente parce qu'au départ lui est plutôt fan de Nirvana et de Bob Marley, la P-funk c'est plutôt mon truc à moi (hérité de son père s'il faut rendre à César, et à cet instant justement, comme quand il fait ses inespérés premiers pas, je me dis que si j'avais dû partager ces instants avec quelqu'un ce serait lui, s'il savait le bonheur dont il se prive) et c'est quand même plus drôle d'apprécier un groupe vivant.

Donc j'ai profité un peu de son entrain pour m'incruster, en jouant les accompagnatrices dévouées, ce qui n'est pas sans inconvénient, je ne pouvais que me déhancher discrètement dans un coin, je ne pouvais pas sauter partout.

Malheureusement, ce rôle de *Mater dolorosa* a réduit à néant tout le potentiel érotique que j'aurais voulu transmettre au gogo danseur en fourrure blanche.

C'est logique, quand on ondule du bassin à moitié nu et complètement défoncé, on évite de regarder la brave maman qui pousse le fauteuil.

« Girls Just Wanna Have Fun »
(Cindy Lauper)

Les enseignants font toujours une prérentrée, cette année on a fait une pré-prérentrée (j'ai vu que, dans certains collèges, des élèves de sixième rentraient aussi en avance, pour les préparer à la rentrée, bientôt on les préparera début août, car ce serait trop dommage que les gamins ne soient pas opérationnels dès la première heure de cours). J'étais détendue puisque je savais que je n'allais travailler qu'un mois, en octobre je partais en congé formation. C'est l'un des principaux avantages du système, on peut bénéficier de dix mois pour s'instruire, pas pour changer de métier, vu que pour rembourser cette année il faut en travailler trois, la formation serait caduque, mais on peut faire un break, retrouver les bancs de la fac par exemple.

Et, c'est là l'une des incohérences de notre administration, l'enseignante me remplaçant étant déjà en poste en septembre, nous étions deux sur la classe. Alors que, pour l'école voisine, ils ont dû rappeler une remplaçante sur la plage, qui ignorait qu'elle avait obtenu un poste à calendrier aménagé (c'est quand on ne travaille que quatre jours par semaine, du coup on a moins de vacances), *allez, au boulot, on remballe le parasol et on abandonne la location* (elle avait attendu pour partir car, après le 15 août, c'est moins cher, la pauvre), elle a dû maudire son portable.

Par ailleurs il nous manquait deux aides maternelles et les collègues avaient trente enfants par classe, donc j'avais de quoi m'occuper : j'ai fait office de factotum, rééducatrice, femme de ménage, relations publiques, illustratrice, documentaliste.

Mais je n'avais ni préparation ni corrections, donc, en fin de journée, je pouvais aller faire la blonde en terrasse avec ma copine vraiment blonde.

J'avais retrouvé ma carte de piscine, je découvrais la circulation à vélo, j'étais en break de scoumoune et j'en profitais, en ayant une pensée pour toutes celles qui courent après leur bus les bras chargés de sacs de courses pour aller chercher leurs gosses à l'école, qui seront envoyés à la garderie (payante, même pour cinq minutes, c'est un forfait) pendant qu'elles ramasseront leur pot de fromage blanc renversé dans le caniveau. Et aussi pour toutes celles qui ont du poil qui pousse au menton, celles auxquelles le stress fait venir d'énormes boutons sur le bord des lèvres ou celles qui glissent sur leurs talons aiguilles en entrant dans les bars quand elles ne se mangent pas la porte vitrée alors qu'elles essayaient d'avoir l'air de vraies filles, ou qui pètent au nez de l'esthéticienne pendant une épilation intégrale du maillot, celles dont je me sentais si proche dans mon ancienne vie.

« *I believe I can fly,*
I believe I can touch the sky. »
(R. Kelly)

Je me suis pris une bonne vieille gamelle à vélo.

Je roulais à fond les ballons en sens interdit et pour un peu j'aurais insulté la vieille qui m'a empêchée de voir le trottoir. Réminiscence de vieux réflexes crapuleux. Mais je suis restée digne en me relevant sobrement. Je suis rentrée avec le pantalon déchiré et la main en sang, mais évidemment en sifflotant tellement j'avais la latche, rien de cassé, juste assez mal pour me calmer, parce qu'il faut admettre que je faisais un peu la kakou, je vais arrêter de me croire invincible.

C'est ma tactique de faire comme si de rien n'était.

L'autre fois déjà, en roulant dans une rue étroite dans laquelle je n'aurais de toute évidence pas dû m'engager tant que ce 4 × 4 énorme obstruait le passage, j'ai pris ma vitre gauche en pleine poire (oui, j'étais en voiture cette fois, je n'ai pas un vélo vitré). C'est-à-dire qu'en passant à côté du tank susmentionné, le rétroviseur de mon côté a heurté violemment ma vitre qui a été propulsée en mille morceaux à l'intérieur du véhicule, exactement où je me trouvais.

J'ai eu alors une réaction assez déconcertante, même pour moi qui me connais bien, j'ai continué à rouler comme si de rien n'était. C'est le conducteur du 4 × 4 qui a dû avoir une bonne surprise, je ne me suis pas arrêtée, je n'ai pas fait de constat, je ne l'ai pas embrouillé, rien. J'ai pensé très fort que ça n'était pas arrivé, mais j'avais toujours des morceaux de verre sur moi.

Pourtant, je le sais que ça ne fonctionne pas cette technique du déni. Je l'ai expérimentée à maintes reprises.

Quand mon fils est né et qu'on m'a dit qu'il n'y avait que trente pour cent de chances qu'il ne soit pas handicapé physique ou mental (ou les deux, allez comprendre ce que peuvent signifier des pourcentages dans ces cas-là) j'ai fermé les yeux et bouché mes oreilles en me concentrant très fort pour que ce ne soit pas la réalité, à l'arrivée il n'était quand même pas en grande forme.

Quand le Gitan tatoué que j'avais klaxonné parce qu'il bloquait la rue (je manque souvent de patience quand je suis motorisée) m'a mis un grand pain dans la gueule après que, pour conclure notre altercation, je lui ai dit : « Nique ta mère » (j'étais jeune c'était la mode, c'était l'équivalent de « zut » en ce temps-là, si, si), pareil, j'ai redémarré, comme si de rien n'était, des dents et du sang plein la bouche, d'un air détaché.

Curieux.

C'est parce que je pense qu'un événement n'existe vraiment que quand on en prend conscience.

Quand j'ai appris la mort brutale d'un ami de mon fils, que j'ai eu en classe, qui nous était cher (mort d'avoir absorbé les fumées toxiques d'un incendie alors qu'il dormait seul avec un radiateur électrique couvert de linge humide), je partais à Paris participer au tournage du clip de Patrick Eudeline : *Mauvaise étoile*, que réalisait Virginie. Je me suis retrouvée au milieu des vieux punks et des beaux gosses de la nouvelle scène parisienne, dans un appartement surpeuplé et enfumé, j'étais occupée à des tâches très diverses comme relever les noms des mineurs, dessiner leur place dans le cadre ou parlementer pour faire sortir Daniel Darc des toilettes, je n'ai parlé de la mort du gamin à personne, je l'ai occultée, je crois même que j'ai dansé.

Du coup je n'étais pas tellement triste, ç'aurait été tellement déplacé parmi ces starlettes *sex drug and rock'n'roll* (quand Eudeline raconte qu'il a sniffé les cendres de son pote ça fait gothique, si je dis que les services sociaux ont enterré sans pierre tombale un gosse de sept ans en faisant une faute à son nom, parce que sa mère est en HP et son père en prison, ça fait juste glauque), c'est mon côté bien éduquée, je ne veux jamais déranger, pas casser l'ambiance.

Après le tournage, en rentrant à la maison, la douleur m'a rattrapée de plein fouet, devoir affronter la réalité et l'annoncer à mon fils qui était proche de lui depuis quatre ans, plus de la moitié de sa vie.

Ses cris ont été à la hauteur de mon appréhension, aucune larme n'aura plus le même sens que celles-ci, j'espère.

Trop jeune pour mourir, trop jeune pour faire un deuil, adieux déchirants à une tombe de fortune, bouquet de roses blanches déplacées dans leur habit de fête, « je t'aime » maladroit tracé impulsivement par une main d'enfant, que le temps fasse son œuvre salvatrice, qu'on puisse oublier ce destin brisé.

Lui, pour le coup, il a dû toucher les nuages à l'heure qu'il est.

« If I Was a Rich Girl »

(Eve et Gwen Stephanie)

J'avais fermé les yeux très fort en demandant à Dieu de me transformer en Paris Hilton. Quand je les avais rouverts j'étais toujours moi et encore plus athée qu'avant. Ma situation financière étant ce qu'elle est (plus de temps = moins d'argent, un congé formation c'est 80 % du salaire), j'ai tenté de revendre mes biens sur e-bay.

Virginie a une copine qui vit quasiment de ça, en revendant des accessoires de tournage ou des vieux costumes de scène. En fait, elle balance sur le net tout ce qui traîne chez elle ou elle achète des trucs à Barbès auxquels elle invente une histoire pour leur faire prendre de la valeur, ça avait l'air facile.

J'ai passé trois jours à trier toutes mes possessions, deux autres à prendre en photo celles que je jugeais refourgables (pas facile de prendre une bague en gros plan sans flou et sans reflet au flash, pis, fou ce que des bijoux d'une valeur inestimable sont justement difficiles à estimer tant ils ont l'air pourri en photo), un autre à rédiger les annonces pour les mettre en ligne.

Là, ça a été hypervexant, mes objets n'ont pas eu une seule enchère pendant trois jours, les trésors dont je me séparais les yeux pleins de larmes n'intéressaient personne !

Il a donc fallu, et Dieu sait combien il m'en coûte, user de malhonnêteté (deux fois Dieu, là, je sombre dans le mysticisme), user de la technique dite de « baronnage » (quand j'étais ado, à la foire exposition, je faisais semblant de trouver génial un presse-fruits pendant sa démonstration, pour que les clients se décident à l'acheter, je n'ai jamais compris que cela fonctionne, mais le démonstrateur me payait pour ça), j'ai donc enchéri pour plusieurs objets sous une fausse identité, afin de faire monter leur prix. Donc nouvelle création de compte, quelques enchères ailleurs pour brouiller les pistes, encore deux jours.

C'est un vrai travail, il faut surveiller sans relâche les enchères, et, lorsqu'on a généreusement accordé une semaine de délai, fatalement vient un moment où on fait autre chose et, là, un malin en profite pour empocher les joyaux pour un euro !

Bilan de l'opération : dix jours de besogne pour vingt-deux euros.

« *Fuck forever, if you don't mind.* »
(Baby Shambles)

Seulement 14 % des femmes de mon âge vivent seules !

Seulement 14 % des femmes en général ont des orgasmes !!

Je pense qu'on nous ment, j'arrête d'écouter la radio.

Ça m'a donné de mauvaises idées ces drôles d'information.

L'envie de rappeler le chetan pour prendre de ses nouvelles par exemple, parce que, quand j'entends parler d'orgasme, je pense toujours à lui.

Et, par une extraordinaire coïncidence, il pensait à moi, il venait justement de se séparer de sa femme, encore, je lui manquais, enfin.

Il a sauté dans un avion, comme dans un rêve. Le soir même il était dans mon lit.

Le lendemain il était toujours là, pourtant j'étais bien réveillée, et je me surprenais à faire avec lui des projets de vie commune.

Étant donné que ce garçon est le seul et l'unique qui m'ait véritablement amenée au septième ciel, je pense que je continuerais à le voir juste pour le cul même s'il était stupide, malappris ou salaud, mais il s'avère avec le temps que c'est le plus gentil, tendre, intéressant, bien éduqué, attentionné et généreux garçon que j'ai rencontré. Il s'est installé comme s'il rentrait de voyage, comme si sa place avait toujours été là, comme si sa présence venait remplir un vide pour former le tableau parfait d'une famille comblée.

On avait un passé ensemble, la grande a tout de suite calmé ma joie en disant que j'avais la mémoire courte et que je risquais de tomber d'encore plus haut. La blonde a blêmi quand elle a su qu'il avait eu un deuxième enfant et a commencé à feuilleter les catalogues de voyages pour la prochaine fois où elle devrait me ramasser.

Pourtant, il a tout réparé dans la maison, il a rangé mon bureau et m'a préparé des pancakes, a réchauffé mon thé et m'a dit que j'étais de plus en plus belle.

Il a été sympa avec mes collègues et aimable avec les employés des restaus, en plus, c'est le premier homme qui paye toujours pour moi, il m'a même confié sa carte Bleue et son code, ce qui ne m'était jamais arrivé (j'ai plutôt l'habitude de régaler, avec cette manie de toujours aimer le même type d'homme).

Il est beau comme un acteur de cinéma américain, musclé comme un athlète et doux comme un petit garçon. Il me masse et me caresse et me serre dans ses bras pendant des heures, il me fait des bisous, trouve que j'ai de belles mains, adore mon dos et se pâme pour mes fesses.

Il ne prend que ce que je lui propose et c'est toujours ce dont il rêvait.

Il reconnaît chaque morceau que j'écoute et s'intéresse à chaque livre que j'ai lu.

Du coup je me suis laissée aller à y croire : et s'il était amoureux et sincère, est-ce que l'avenir ne serait pas parfait envisagé avec lui ? Est-ce qu'il faut vraiment se ressembler pour s'assembler ?

Je pensais bien que je devais faire gaffe à ce que mon fils ne se fasse pas de film (car déjà il me disait : « Je l'aime parce qu'il est beau il est grand il est fort il est gentil, il est tout comme le papa que je voudrais »), et j'ai réalisé que le grand s'en faisait aussi, au bout de trois jours il se voyait bien adopter le petit qui allait tellement bien s'entendre avec ses frères et avec ceux que nous allions lui donner ! J'étais surprise de l'aisance avec laquelle sa première femme disparaissait du paysage, mais je n'en dis rien.

Entre ce que je lui ai laissé penser, à savoir que je le suivrais au bout du monde, et ce que j'ai laissé entendre à mes copines, c'est-à-dire que j'en profitais au jour le jour en restant sur mes gardes, se situait probablement la vérité.

C'est difficile d'analyser ce qu'on ressent, dire qu'il y a des gens qui se targuent de me connaître, alors que je ne me comprends pas moi-même.

Tout s'est accéléré subitement, après des années d'une passion torride et charnelle, d'un coup il s'est mis à me parler famille, déménagement.

Je me mentais à peu près autant qu'à lui. Je ne distinguais pas la part de rêve et la part d'autoprotection dans les propos contradictoires qui se tenaient sous mon crâne. Je ne savais pas si j'avais envie de croire à des chimères pour l'accompagner ou de me blinder pour ne plus souffrir, en tout cas les courants n'étaient pas assez forts dans un sens ni dans l'autre pour m'emporter vraiment, je me sentais ballottée, et c'était un peu chiant.

« The Girl from Ipanema »
(Stan Getz et Gilberto Gil)

J'adorais ma vie, en congé formation : *« Oh yes it's good to be a student, oulala ! »*

Je me levais à l'heure où la plupart sont déjà en route pour l'école, avec une pensée pour ceux qui sont déjà en poste à l'usine, non même pas je rigole, mon fils buvait son lait pendant que je lui mettais ses attelles (non que je l'empêche de grandir en n'encourageant pas son autonomie, mais c'est dur à enfiler avec des pieds tout raides) et je passais une veste pardessus ma chemise de nuit pour surveiller de la porte qu'il rentrait bien dans l'école. Si je l'accompagnais, je croisais des collègues, des parents d'élèves, des anciens, des futurs, ça prenait beaucoup plus de temps, et j'avais hâte de rentrer petit-déjeuner en lisant les messages que mon tendre amour parti jouer à la guerre (ça se dit « en exercice ») m'avait envoyés pendant la nuit.

Puis je partais à la fac à vélo, les cheveux au vent, l'impression d'avoir douze ans.

Souvent je n'avais cours que d'italien, où je fayotais à mort : si j'étais là, ce n'était pas pour dormir au fond de la classe. J'étais partie à Naples avec la grande et je me passionnais pour ce pays. Comme j'étais la seule à m'exprimer, j'avais demandé qu'on étudie l'histoire des brigades rouges, du féminisme et des femmes dans la Mafia, j'aurais volontiers transformé le cours en napolitain d'usage mais la prof était un peu rétive. Parfois, j'allais en arabe dialectal, où je m'ennuyais, les autres profs étaient rarement présents.

Les profs de fac ont dégringolé du piédestal où je les avais placés dans mon jeune âge, certains font des blagues homophobes, des généralisations à partir de deux exemples, ils ressassent les lieux communs en paradant comme des coqs, développent des théories qu'on copie en détail pour s'entendre dire après qu'on ferait mieux de les oublier « car on ne va pas travailler dessus cette année et ça risque de nous embrouiller ». J'ai eu l'impression parfois que leur cours tenait en dix lignes qu'ils délayaient pour faire durer, alors pour ne pas m'endormir, je posais des questions, ils en profitaient pour délayer un peu plus et la suite des dix lignes la semaine suivante ! Un jour, le prof d'arabe m'a carrément dit que je l'emmerdais, texto, il m'a dit : « Vous m'emmerdez », parce que je lui avais fait remarquer à plusieurs reprises que ses approximations et ses omissions frôlaient l'incompétence, mais je l'avais juste insinué, je ne me serais pas permis d'être aussi franche à son égard. Moi, même si j'en ai parfois rêvé, je n'ai jamais osé dire ça à un élève.

C'était un monde que je découvrais, parce que je n'avais jamais été aussi assidue dans ma jeunesse.

Quand j'ai fait mes études, après le bac, j'avais d'autres soucis, gagner ma vie et changer le monde notamment, je ne fréquentais pas les étudiants, je ne traînais pas sur le campus, je venais rendre mes devoirs et assister aux examens, c'est tout, c'est même incroyable que j'ai été diplômée, à la réflexion.

Mais il me semble que cet univers a beaucoup changé. Aujourd'hui les portables sont sur toutes les tables, certains vibrent régulièrement, d'autres sonnent même de temps en temps, et parfois des étudiants répondent et discutent au téléphone pendant le cours, j'hallucine. Des filles sont voilées de la tête aux pieds (ça me semble pourtant les mêmes, collées au radiateur et séchant les cours pour fumer des clopes à la cafèt', que celles qui étaient maquillées comme des tapins dans ma jeunesse, c'est toujours celles avec lesquelles je finis par sympathiser), d'autres viennent en cours avec leur bébé. J'ai l'impression que les profs ont peur de s'adresser à des salles vides s'ils sont trop exigeants.

De toute façon personne n'est dupe sur ce qu'apporteront les examens, ils veulent tous être instits ou profs, pas beaucoup de rêveurs parmi ces étudiants.

Moi je m'en fous, j'attends le week-end pour retrouver mon militaire, qui a arrêté l'école à seize ans et ne me semble pas plus con pour autant.

Jusqu'à maintenant, je me disais que je ne pouvais pas avoir tant de points communs avec un militaire de dix ans mon cadet, ayant grandi dans un pays en guerre, ayant fait deux enfants à une femme qu'il voulait quitter et rêvant d'ouvrir un restaurant. J'étais persuadée que si on passait plus de quelques heures ensemble hors d'un lit, on se ferait vite chier.

Finalement, ça n'a été que du bonheur pendant les jours qu'il a passés ici, faut admettre que rien qu'à le regarder je suis occupée et que j'apprécie chaque instant comme s'il allait repartir demain...

« On n'est pas des anges, hé hé,
on aime rigoler. »

(Les Vierges)

Pendant quelques semaines, j'ai été très heureuse que quelqu'un se donne la peine de jouer pour moi la comédie du bonheur parfait, fasse semblant de s'intéresser à ma peinture et de se passionner pour ma littérature, mais, assez vite, j'ai aperçu des traces de trucages, comme des fils qui dépassaient ou du Scotch dans le décor. Concrètement, des trous de mémoire plutôt touchants (« je t'ai jamais dit que j'aimais cet auteur, évidemment que je le connais pas »), des regards échangés avec de belles inconnues (« on ne se refait pas »), des sms reçus et envoyés pendant le film qui me faisait pleurer (« on est forcé de répondre à un cousin qui a un problème »), des téléphones vite raccrochés (« une erreur de numéro »), des absences inexpliquées, des classiques quoi.

Et puis j'ai reçu la visite de sa femme.

Ce fut un mauvais moment à passer, et la donne a changé.

Quand on rencontre l'ennemi, il n'a pas toujours le visage qu'on attendait. Là, en l'occurrence, il a le visage de l'enfant que je chéris déjà, le sourire angélique et le regard pétillant de l'aîné. Et c'est moi que je trouve fourbe et laide, mesquine et malfaisante. Cette fille a l'air tellement cool, drôle et honnête, sincère et candide... tellement enceinte surtout.

Cet homme est un lapin.

Je ne vois pas comment je pourrais à nouveau embrasser le père de cette famille nombreuse sans penser à elle après l'avoir rencontrée.

Je pense que sa simple visite « en amie » aura porté ses fruits.

Excellente stratégie. Moi quand Abdul m'avait trompée j'étais allée tout casser chez la nana, en bonne rollmops épaisse. C'est vrai qu'elle m'avait ri au nez, elle avait refusé ma main brièvement tendue, elle m'avait provoquée, mais quand même, ça ne pouvait pas arranger les choses, je la plaçais en victime, mon mec ne pouvait que se poser en preux chevalier et vouloir la protéger. Alors que se mettre sa rivale dans la poche en étant liante et affable, en faisant semblant de rien, ça c'est malin, nier l'histoire pour qu'elle n'existe plus, dans ce cas-là ça peut marcher.

Je pense sincèrement à lui rendre sa vie, j'aimerais être le genre de fille que sa conscience empêche de s'intéresser à un homme marié, j'ai longtemps cru l'être, je l'ai été, qu'est-ce qui m'a transformée comme ça, « est-ce la vie ou moi qui a décidé ça ? ».

Est-ce qu'on devient une salope quand on se libère du carcan judéo-chrétien (tiens il manque islamo dans cet attribut) ?

Est-ce qu'on est une garce quand on accepte les restes de celles qui ont été plus promptes à tout prendre ? ou qui ont eu plus de chance au premier tirage ?

Est-ce qu'on peut être à la fois une mère courage et une fille perdue à cheveux gras ? Sûrement, quand on peut être anarchiste et servir l'État...

Est-ce qu'on trahit en mentant ? Est-ce qu'on se perd en changeant ?

Non, je crois qu'une multitude de personnalités se partagent le même corps au gré de son évolution, et que, même si les données sont compressées, il en reste quelque chose de perceptible en surface, que seuls les connaisseurs distinguent.

Je pense que je vais me retirer de cette histoire où je n'ai pas le premier rôle.

J'aimerais croire qu'il existe sur terre un autre homme avec lequel je m'entendrai si bien, que je trouverai aussi beau, qui me donnera autant de plaisir sans même que je le demande et que je pourrai respecter davantage parce qu'il ne sera ni menteur ni tricheur.

« Let Me Be Your Dog »
(BO du film *Didier*)

L'ambiance n'était plus à la gaudriole après le passage de l'ouragan *Mother*, tout en délicatesse mais que de dégâts dans ma tête, ça doit être ça qu'on appelle une frappe chirurgicale. Le premier week-end passé entre chetan et son aîné étant plutôt tendu, celui-ci remonté à bloc et moi assez mal à l'aise, j'ai déposé mon fils chez mes parents et je suis allée boire des coups chez la blonde, jusqu'au bout de la nuit, et même plus tard, jusqu'à ce qu'ils soient partis. C'était l'enterrement de mes rêves de nouvelle vie de famille.

Je regrette de ne pas l'avoir pris en photo, de ne pas avoir prélevé de son parfum.

De ne pas avoir volé son caleçon ou gardé un souvenir.

Je regrette de ne pas l'avoir assez regardé, de ne pas lui avoir dit que je l'aimais, de ne pas l'avoir fait dans toutes les positions et dans toutes les pièces.

Je regrette une belle histoire dont je n'ai tellement pas vu venir la fin que je me dis qu'elle n'a peut-être pas existé.

Je cherche en moi comment j'en suis arrivée là, comment une passion charnelle a pu se transformer en si pitoyable farce.

Il semblerait que je n'aie pas le profil de l'amante, j'inspire le respect, rapidement, avec moi on pense famille, on pense stabilité, pas du tout Folies-Bergère et jambes légères. Au départ pour le meilleur mais en fait toujours pour le pire.

Le père de mon fils m'avait canonisée, sainte Cara, pure et droite, les coups d'un soir s'attachent et même le diablotin dragué sur le net a fini par me révérer. Fini le septième ciel, « pas devant les gosses voyons ». Même dans cette histoire où je représentais à la base l'adultère, l'échappée coquine, je suis devenue l'arroseuse arrosée qui comprend, qui console.

J'ai l'impression, depuis toutes ces années que je suis « célibataire », d'alterner manque et étouffement, de passer mon temps à me plaindre d'insatisfaction primate ou à réclamer une pause.

Je ne parviens pas à l'équilibre d'une relation régulière qui consisterait à partager à fond de bons moments, sans subir le quotidien. Se réveiller, en forme ou pas, rentrer le soir, de bonne humeur ou pas, et trouver toujours le même homme à la maison.

Comme la femme-poisson dont il ne fallait pas voir les écailles sous peine de la condamner à les garder, me surprendre au réveil ou les cheveux gras brise le charme et me réduit à ma plus mauvaise expression, et je ne veux pas voir les écailles de l'autre non plus.

Je ne suis pas prête à élever en alternance trois enfants en plus du mien pour un mec malheureux qui me reprochera toujours d'avoir raté sa vie. J'ai beaucoup moins que leur mère à offrir, en terme de renoncement et d'abnégation, je n'ai pas le profil d'une femme de militaire, prête à tout quitter pour suivre son mari ou à l'attendre à la maison pendant qu'il risque sa peau pour un conflit qui ne nous regarde pas.

Je n'enlèverai pas mon étoile noire pour aller danser au bal des officiers.

Je n'en demandais pas tant.

Je n'ai pas envie de mettre en danger le confort fraîchement acquis auprès de mon fils.

Ou peut-être est-ce parce que j'ai obtenu ce que je voulais que je ne le désire plus, comme une peste trop gâtée, peut-être que la culpabilité devant sa femme enceinte n'est qu'un alibi...

J'ai tellement souhaité qu'il la quitte, heureux les simples d'esprit et tranquilles ceux qui ne changent jamais d'avis, j'aimerais être moins compliquée.

Si j'avais de l'argent je me paierais un gigolo, mais je serais foutue d'en tomber amoureuse, avec mon esprit de contradiction.

Et comme je ne sais pas gérer la rupture, nom de Dieu, comme j'ai du mal entre le moment où je décide qu'une relation doit s'arrêter et le moment où je parviens à retrouver ma liberté. Je ne dois pas m'exprimer clairement, ça semble évident, du début à la fin, puisque soit il y a « relation » alors que je voudrais juste « rapports », soit il y a « break » quand je voudrais « fin ». Pourtant sur l'instant, je dis ce que je pense et je pense ce que je dis, mais en face ils croient que ça fait partie du jeu. Je n'ai toujours pas compris les règles, je ne saurai jamais jouer, faire semblant, user de stratégies, le naturel revient au galop et je finis toujours démasquée.

Pourtant j'essaye, je fais du théâtre, et plus on est chienne plus ils sont agneaux, là j'ai vraiment l'impression d'être maîtresse Domina : « Tais-toi et rampe » ! Je ne me reconnais plus et ça ne m'amuse même pas.

Mon diable s'est transformé en agneau, il ne veut pas se réinstaller avec sa femme, il veut rester avec moi. Elle ferme les yeux sur notre histoire, parle de moi comme d'une amie qui a hébergé son mari « en crise », il me menace de tout lui raconter, ils me prennent en otage tous les deux.

Je ne réponds plus, je ne rappelle plus, mais il prend juste note de cette nouvelle donne, OK nos rapports sont comme ça, c'est pas grave : « Tu as beaucoup donné, c'est mon tour », comment peut-il penser qu'en ayant été séduite par sa majesté inaccessible je l'aimerai serpillière ?

En tout cas cette histoire ne fait pas sortir le meilleur de moi.

Je deviens une harpie, une mégère.

Il faut que j'accepte qu'il me déteste.

Mon problème doit remonter à l'enfance. Je me souviens d'une gamine sur une aire de jeux, en vacances, un peu ronde me semble-t-il, qui disait que ses amis chantaient pour elle : « On l'aime bien la Bénédiiicteeuh, elle est si belle et si gentiiilleeuh, on l'aime bien – qui ça ? La Bénédicte – où ça ? À la Bastiilleeuh ! » (elle avait peut-être remplacé la Bastille par le nom de son école, mais c'est flou dans ma tête). Je n'ai pas un instant mis en doute ses déclarations et je me suis sentie fascinée par le charisme et le succès incroyable de cette fille, je m'en souviens encore alors que je devais avoir sept ou huit ans. Et j'en mesure seulement maintenant l'impact. Je pense que mes relations avec les autres n'ont été qu'un long cheminement vers le Saint-Graal que représente cette chanson, la popularité qu'elle décrit.

En fait j'ai toujours voulu qu'on me plébiscite, j'ai toujours voulu être la coqueluche, comme cette gamine que j'enviais, je fais tout pour qu'on m'aime même quand je n'ai pas envie d'aimer en retour, et je ne peux rien faire qui pousse les gens à ne plus m'aimer. Je suis la démagogie faite femme, c'est sans doute pour ça que je travaille en maternelle : pas trop d'autorité, les enfants tous amoureux de la maîtresse, ça me convient bien.

Si encore j'étais manipulatrice, j'en tirerais un bénéfice de tout cet amour, je saurais en profiter, mais je ne sais même pas quoi en faire. La déclaration de mon meilleur ami pour la Saint-Valentin a plutôt glacé nos rapports, la demande en mariage de l'Espagnol rencontré en vacances m'a empêchée d'ouvrir MSN pendant des mois, et, là, grâce à mon beau militaire, je pense que je vais entamer une bonne hibernation...

« Le ventre est encore fécond
d'où est sortie la bête immonde. »
(Bertolt Brecht)

Je fais le deuil de la passion mais le chetan n'est pas d'accord.

Encore une fois il ne suffit pas que je le veuille pour que l'histoire s'achève.

Enfin ça y est, j'ai réussi à l'user, à force de ne pas le regarder quand il vient et de ne pas lui parler, il se lasse, déjà il ne laisse plus de message, bientôt il cessera d'appeler, je le sens bien.

Bon là je suis en train d'écrire et il appelle encore, merde, j'ai peur qu'il sonne à la porte et qu'il réveille le gamin, il y a de l'école demain.

Je peux sentir sa présence à travers le mur et je m'en veux de laisser prise à la peur, je sais que je suis ridicule de serrer les dents, d'avoir le ventre noué et de rester planquée pendant qu'il essaye de rentrer.

Je l'entends clencher la porte, j'espère que j'ai bien fermé. Mes doigts effleurent les touches pour ne pas faire de bruit, je vais bientôt ramper sous le lit putain merde c'est horrible cette vieille terreur qui remonte.

L'enfoiré il sonne, il a sonné, j'ai les doigts glacés, je m'étais juré que s'il était lourd au point de sonner j'ouvrirais la fenêtre et je l'insulterais parce qu'il aurait réveillé mon fils (parce que je dormais on va dire) et que j'aurais une bonne raison d'être en colère, mais le petit dort toujours et je suis tétanisée.

J'ai beau me dire que c'est mon droit si je ne veux pas le voir de ne pas ouvrir, que c'est moi la gentille et que j'ai raison de ne plus entrer dans son jeu, je suis tétanisée.

Ah ! il m'a laissé un message, il est très en colère, il dit qu'on a encore des choses à se dire, que je suis lâche et là il n'a pas tort.

Je me dis que peut-être il est en train de saccager mon jardin ou d'écrire sur ma façade que je suis une garce, je m'attends à trouver demain mon chat mort cloué sur ma porte. Car je suis retombée dans le passé, son insistance m'en rappelle une autre.

Mais, au fond, je sais qu'il n'imagine pas me terroriser, il n'a rien fait qu'appeler et sonner à la porte pour me parler. Il doit croire que je me fous de sa gueule, que je suis passée à autre chose et que je le méprise, pas que je tremble comme une pauvre malade parce qu'il a fait remonter mes plus sombres souvenirs à la surface. Souvenirs d'autres nuits, d'autres peurs. Abdul aura laissé sur moi des traces tenaces, je me trompe d'ennemi et les histoires se mélangent :

On est séparés, à sa demande, parce qu'il a trouvé une bonne âme qui l'écoute, elle.

Il est parti depuis pas mal de temps, assez pour que je recommence à sortir (enfin j'avais été dîner chez une vieille dame avec une copine, ça devait être la belle-mère de la sœur de ma copine, pour vous dire comme je m'éclatais). *Je rentre seule, je galère avec ma clé, je referme, j'allume, j'écoute les messages du répondeur dans l'entrée, j'enlève mon manteau, je me tourne pour le poser sur le fauteuil et Abdul est là, immobile, silencieux, un sourire aux lèvres et le regard glacé. Comme un prédateur.*

Il était rentré par le toit, en retirant des tuiles et en éclatant le placo à coups de poing, c'est lui qui avait construit la maison, il savait comment la détruire. Je ne sais pas depuis combien de temps il attendait dans le noir. Je ne me suis plus jamais sentie à l'abri chez moi.

Le moindre bruit me fait sursauter et je me rends compte qu'il y en a beaucoup finalement la nuit par chez moi.

Une autre nuit, avant, déjà, il avait sonné et je n'avais pas fait la morte (comme j'y arrive si bien maintenant), *je n'avais pas quitté mon corps, j'avais voulu parlementer, j'avais un Interphone, il m'avait suppliée de lui ouvrir, j'avais réussi à ne pas céder, et quelques heures plus tard, alors que j'ouvrais pour aller travailler, il avait glissé son pied dans la porte et m'avait prise au piège.*

Je n'avais pas compris que je n'étais pas entraînée pour cette guerre-là et je n'avais pas les armes. Seule je n'ai jamais su lutter, je ne sais que quitter mon corps.

Et pourtant dans les manifs, dans la rue, dans le métro, avec des inconnus j'en ai vécu des corps à corps, j'en ai pris des coups, j'y suis allée franchement sans crainte. Les traces physiques, je m'en fous, ça cicatrise, ça passe. Certaines blessures sont plus difficiles à guérir. L'assurance est longue à revenir.

En plus là je ne sais pas de quoi j'ai peur, je sais que mon chetan ne me veut pas de mal, juste me parler, et j'ignore pourquoi je tremble.

Je me sens tellement vulnérable.

« Les histoires d'amour finissent mal,
en général. »
(Les Rita Mitsouko)

Christian, mon ex, a trouvé par Meetic une fille qui a vingt et un ans avec laquelle ça se passe très bien, ça pourrait être ma fille (je l'aurais eue très très jeune).

Chetan, après m'avoir conseillé de me faire psychanalyser, est retourné avec sa femme (dont il n'est plus amoureux mais qu'il « aime quand même ») qui a eu son troisième enfant, il continue à racoler sur le Net mais n'aura jamais que sa virilité à offrir, il me raconte ses conquêtes et j'arrive à rire de ses déboires depuis que je n'en fais plus les frais.

Moi, je n'ai plus du tout de libido ces temps-ci, l'inappétence absolue.

Je suis à fond dans la linguistique, le structuralisme et la sémantique, la phonologie et la didactique des langues, et je trouve ces préoccupations charnelles tellement superficielles (comme quoi, les humeurs décident d'elles-mêmes, « je est plusieurs » et tellement différents les uns des autres, j'ai du mal à me suivre).

J'en ai soupé des beaux gosses à qui je fais semblant de m'intéresser en attendant qu'ils comblent mon vide, alors qu'il me faudrait un intello poète ou chercheur à la David Lodge (qui séduit par citations, qui rivalise d'analyses contradictoires et de théories enrichissantes) ou simplement un compère, un acolyte.

Les couples autour de moi sont des publicités vivantes pour le célibat alors je ne me trouve pas tellement à plaindre. Surtout que je l'ai connu moi le grand amour, la passion, l'adoration réciproque, je sais ce que ça signifie au quotidien comme compromis, sacrifices, oubli de soi.

Beaucoup font semblant, certains font illusion, peu de couples font vraiment envie. Entre ceux qui s'adorent mais vivent à mille kilomètres l'un de l'autre, ceux qui s'aiment mais couchent avec tout ce qui passe, ceux qui se respectent mais s'ignorent, ceux qui se méprisent gentiment et ceux qui se déchirent violemment, faut pas se voiler la face, très peu ont passé le cap des sept ans (ou des trois ans, je ne sais plus, peut-être bien des trois mois), mais beaucoup restent ensemble par habitude, parce que c'est plus facile de s'engluer dans une relation sans avenir que de faire « action » pour affronter le vide, plus confortable d'attendre et d'espérer que de se bouger, « on sait ce qu'on perd, on ne sait pas ce qu'on retrouve ». Parfois ils cohabitent pour la même raison qu'ils ont procréé, par facilité, pour suivre le chemin tracé.

Je ne leur jette pas la pierre, moi-même j'ai été tentée d'attendre qu'on me quitte plutôt que de provoquer la rupture. Quand Abdul m'avait annoncé qu'on n'avait plus rien à faire ensemble, alors que je rentrais d'une semaine de repos bien mérité avec la grande au Maroc, après que j'ai supporté, soigné, et peut-être au fond encouragé par ma passivité sa schizophrénie pendant sept ans, j'aurais pu me réjouir d'être délivrée d'un psychopathe paranoïaque et chômeur vacillant entre fanatisme religieux et alcoolisme, mais je m'imaginais avec un noble prince du désert, mystique et mystérieux, et je voulais m'accrocher à mon pauvre rêve.

Il m'avait donc ouvert les yeux sur la mascarade de notre relation, mais juste pour le fun, puisque finalement il ne m'avait pas quittée, non, juste joué au yoyo avec mon cœur : on a continué à vivre ensemble, à coucher ensemble, à aller voir sa mère, mais je devais comprendre qu'on n'était plus ensemble puisqu'il me l'avait dit, et moi, quelle conne, je n'ai pas compris. Que ça voulait dire qu'il se libérait de toutes les contraintes, les engagements et les compromis inhérents au couple, qu'il se considérait célibataire, pouvant faire ce qu'il voulait pendant que je l'attendais à la maison et continuais à lui beurrer ses tartines.

Il était déjà parti avant, parce que c'était péché de vivre avec une païenne, quand il s'était mis d'un coup à faire la prière à en avoir des croûtes au front (je sais c'est bizarre, il devait se jeter la tête contre le sol). Au troisième jour du ramadan il n'avait pas réussi à arrêter de fumer, alors foutu pour foutu, il était revenu.

L'habitude créant la norme, tout en prenant conscience de mon calvaire je l'ai subi, chaque fois je l'ai laissé ne pas me quitter pour encore et encore m'en faire baver, répandre sa souffrance sur moi, me salir et me terroriser. Je suis allée aussi loin dans l'aveuglement et l'autodénigrement que ces couples autour de moi qui pourtant m'atterrent et m'attristent.

Curieux phénomène que l'amour qui peut rendre à ce point malheureux, drôle de rêve de petite fille de vouloir un jour être aimée ainsi.

Mais j'ai grandi et le Terminator qui m'habite a claqué la porte au nez du prince charmant quand le conte de fées a viré au médiocre, maintenant je ne crois plus au couple mais à l'équipe, et je trouve que j'en forme une bonne avec mes copines et mon fils.

« Les filles qui font la gueule,
les hommes n'en veulent pas. »
(Édith Piaf)

L'affirmation du déni qui ressort de ces pages me pousse à affronter la réalité du quotidien et les cadavres de mes placards, mais sans l'autodérision, je crains de tomber dans le pathos, la psychanalyse n'est pas mon amie.

Ma bulle est mon armure et mon humour est ma carte de séjour pour vivre en société.

La vérité objective n'existe pas, entre celui qui dit : « Tu es vivante, ça pourrait être pire » et celle qui pense n'être qu'une morte en sursis, où est la réalité ?

Je n'ai pas envie d'enlever mes lunettes funky pour regarder la vie parce que je ne suis pas adepte du sadomasochisme.

Je ne prône pas la positive attitude qui consiste à serrer les dents et à fermer sa gueule, mais je pense que la qualité de vie est une question de point de vue, la survie est à ce prix.

On sait que fumer donne le cancer, que les gâteaux font grossir, que le téléphone portable nous flingue les oreilles et que nos pots d'échappement trouent la couche d'ozone, et on est plus nombreux à ne pas voir plus loin que le bout de notre nez qu'à se mobiliser. Je suis du nombre, à ne pas vouloir sacrifier mon confort d'aujourd'hui à ma survie de demain, à ne pas trop chercher à savoir les effets de ce que je mange sur mon organisme, à ne pas renoncer à la viande même si elle est aux hormones, aux céréales même si elles sont transgéniques, parce que quand j'en avale je vois pas de pustules me pousser, ça s'appelle de l'inconscience, de l'égoïsme aussi sûrement, de la bêtise peut-être, comme le fou qui se jette du trentième étage et qui dit en passant devant le vingtième : « Jusqu'ici, tout va bien. »

Je sais que je suis seule, depuis des années et peut-être à jamais. Mon fils a de gros handicaps physiques, de sérieuses opérations en perspective avec leur lot d'angoisse et de souffrance, des douleurs multiples pour lesquelles personne n'a de remède, je n'ai pas envie de penser à ce qui l'attend à la puberté, ni de me demander s'il aura une vie amoureuse et de famille possible, déjà que quand ça l'est on en chie...

Son état de santé fait office de révélateur sur la connerie, et tous les paumés se sentent d'emblée un point commun avec nous qui les autorise à nous vampiriser.

Mais je sais aussi que grâce à cela, même si on le voulait très fort tous les deux on ne serait pas comme les autres, les Français moyens bien blancs bien nets et sans histoire, qui suivent le chemin balisé sans se poser de question.

Mon fils est moitié arabe, petit et handicapé, si ça se trouve il sera communiste et pédé (si un jour il lit ça il sera furieux), alors je revendique le droit de trouver ça cool d'être différents, et d'oublier qu'on ne l'a pas souhaité.

J'ai bien tenté de me fondre dans le moule, aspiré à une vie tranquille et ordinaire, en couple et fonctionnaire, mais le destin m'a ramenée sur le côté, dans la marge.

La spécificité de mon fils m'a conduite à renoncer aux archétypes de normalité, à reprendre la lutte aux côtés des rejetés, des paralysés, des déracinés, des détraqués... car le bonheur devrait aussi être accessible aux esprits torturés.

J'aimerais écrire que je partage aujourd'hui une maison dans les Landes avec la blonde, un havre de paix, une parenthèse enchantée, pas trop loin de Barcelone, pour que la grande puisse venir s'y poser et que Thierry Henry, fraîchement célibataire si j'en crois mon fils qui suit l'actualité des footeux, puisse me rendre visite. On hébergerait des sans-papiers et parmi eux on trouverait des boulangers, des cultivateurs, de quoi vivre en autarcie le temps qu'ils soient régularisés (parce que, dans mon monde rêvé, ils auraient un espoir). Je gagnerais une fortune en vendant mes peintures, je vieillirais au grand air, j'aurais minci et j'aurais une mine superbe. Dans ma fin idéale, la blonde aurait accueilli des orphelins du Darfour ou d'ailleurs, nous les aurions couverts d'attentions et de tendresse jusqu'à ce que le monde change, ou jusqu'à ce qu'on les ait rendus plus forts pour l'affronter.

Mais on n'écrit pas son destin et la blonde a rejoint son amoureux sur la Côte, de toute façon elle n'a jamais été très portée vers la vie en communauté.

Grâce au réchauffement de la planète, ça devient agréable de vivre dans le Nord, je vais donc faire l'instit ici encore un moment. Je commence à trouver ma place dans le coin, j'ai un nouveau voisin homo qui élève seul sa fille et on forme presque une tribu dans le quartier, on s'entraide dans la bonne humeur.

Mon fils a trouvé un superpsy pour parler de son père, il travaille bien à l'école, il court de mieux en mieux et peut même jouer au foot avec ses copains, il a participé à un casting grâce à un ami réalisateur et va jouer dans un film pendant les vacances, il est content. Ce casting a été l'occasion pour moi de me rappeler que cet ami est toujours là, complice depuis des années, à faire tout ce qu'il peut pour nous, à jouer le Gentil Organisateur de loisirs chaque fois que je viens à Paris, à m'incruster dans ses fêtes, à m'infiltrer dans les coulisses de tournage, à nous présenter toutes les célébrités qu'il connaît susceptibles d'impressionner le fiston et à lui ramener des cadeaux des quatre coins du monde. Lui aussi a essuyé de douloureux échecs qu'il veut voir comme une succession d'expériences, de la Turque dont il était éperdument amoureux qui a fini mariée de force par sa famille à la Japonaise qui lui a préféré un banquier après qu'il s'est occupé de ses enfants pendant quatre ans. Je sais qu'on a pas mal de points communs et que la quarantaine lui va plutôt bien, je me suis surprise à apprécier la sensualité avec laquelle il bougeait son corps la dernière fois que nous sommes allés danser... nous allons habiter chez lui toute la durée du tournage et je suis impatiente d'être à cet été.

Je ne sais pas de quoi sera fait demain mais faisons taire nos peurs, car notre force c'est notre inconscience.

Bande-son

Éternelle gratitude à mes parents pour leur tolérance,

à ma sœur pour sa patience,

à Delphine pour sa pertinence,

et à Bruno pour sa bienveillance.

Merci à tous ceux qui m'ont lue, encouragée et rassurée.

Achevé d'imprimer sur les presses de

BUSSIÈRE

GROUPE CPI

à Saint-Amand-Montrond (Cher)
pour le compte des Éditions Robert Laffont
en mars 2008

Mise en page PCA
44400 Rezé

Dépôt légal : avril 2008
N° d'édition : 48607/01 – N° d'impression : 080960/4

Imprimé en France